Amour, sexe
et spiritualité

Amour, sexe et spiritualité

Entretiens avec Eric Baret, Dominique Bertrand, Martine Castello, André Comte-Sponville, Emmanuel-Just Duits, Henri Gougaud, Jacqueline Kelen, Jean Letschert, Arouna Lipschitz, Mélodie Marcq, Corine Marienneau, Daniel Odier, Catherine Preljocaj, Stan Rougier, Jacques Salomé, Paule Salomon, Annick de Souzenelle, Odon Vallet, Laurence Vidal.

Albin Michel

Collection Entretiens/Clés
dirigée par Patrice Van Eersel

22, rue Huyghens, 75014 Paris
www.albin-michel.fr
ISBN : 2-226-13863-3
ISSN : 1275-4714

Sommaire

Introduction

Faites-vous partie des créateurs de nouveaux mondes ?

PAR PATRICE VAN EERSEL

Un tiers de siècle après la grande « révolution sexuelle » des années 68, beaucoup de nos contemporains continuent de se sentir frustrés, insatisfaits, persuadés de passer à côté de l'essentiel. Si bien qu'un nombre croissant d'entre eux s'ouvrent à une approche spirituelle de la sexualité. Ils ne séparent plus le sexe de l'amour et, ne limitant plus la jouissance à sa seule dimension pulsionnelle (comme dans les visions puritaines du monde, finalement), voient au contraire en elle le plus bel outil spirituel concevable. Inversement, se disent beaucoup de « chercheurs de vérités », si l'Amour est pour la plupart des spiritualités la question centrale de l'existence humaine, comment ne pas admettre que la mise en acte de ce mot très énigmatique trouve son plus bel atelier dans la relation sexuelle ?

Comme si la meilleure manière de faire se rejoindre la terre et le ciel, l'horizontale et la verticale, l'est et l'ouest, le nord et le sud, la main et le cœur, le chant et le silence, la puissance et l'innocence, l'éveil et le sommeil, le pleur et le rire, le jour et la nuit..., passait d'abord par l'apprentissage d'une danse. D'une danse dans un lit. Un lit qui serait un temple. Un temple fait pour les corps. Corps pleins et pourtant sans pesanteur.

Nos sexes, porteurs de quelle incroyable *Lumière* ? Et vénérés par nous de quelle façon ? Peut-on affirmer : « Dis-moi comment tu accomplis l'acte d'amour et je te dirai qui tu es, où tu en es, vers où tu vas » ? En somme : comment aimez-vous ? Par abstention et sublimation ?

Pour très peu d'entre nous, sans doute, c'est là le chemin le plus éclairé. De ceux-là, des abstentionnistes sublimes, on se dira peut-être : « Quelle folie ! » ou bien : « Quel courage ! » Mais il semble qu'il ne faille pas moins de folie ni de courage pour s'engager dans le grand Jeu du sexe totalement assumé, la coupe et la coupure vécues de part en part, du bout de l'horizon au plus intime du dedans de nous.

Chaque humain est un carrefour d'amour inouï, indescriptible, fabuleux... Carrefour qu'une part de notre culture a certes voulu nier, depuis deux siècles au moins, le recouvrant d'une cuirasse d'hygiénisme puritain – où les médecins scientistes ne furent pas moins mutilants que les confesseurs ecclésiastiques[1]. Mais aussi carrefour qu'une autre part de cette même culture a su porter aux nues comme jamais dans l'histoire.

Cessons donc de nous plaindre ! Nous sommes les descendants des chevaliers-poètes provençaux, des inventeurs de l'amour-passion, des alchimistes qui surent faire se rejoindre l'érotisme et l'amour ! Jusque-là, l'amour (au sens du don, de l'altruisme, de la compassion), la sexualité (à l'amont de l'enfantement) et l'érotisme (synesthésie de toutes les sensualités) constituaient des entités distinctes, au moins pour le

1. Voyez ce qu'en dit le psychanalyste Didier Dumas dans *J'ai mal à mes ancêtres*, entretiens publiés chez Albin Michel, coll. « Entretiens/Clés ».

commun des mortels (et sans doute pour la plupart des élites aussi). Si nos ancêtres européens ont offert au monde un joyau – bien avant l'imprimerie, la démocratie parlementaire ou le cinéma –, ce fut cela : de découvrir que l'amour, la sexualité et l'érotisme étaient non seulement compatibles, mais pouvaient, ensemble, former une passerelle d'un alliage unique vers les royaumes divins !

L'idée de ce recueil est partie des paradoxes amoureux de la culture arabo-musulmane. D'un côté, une sensualité infinie – dont les lettrés raffinés savent faire remonter les racines jusqu'au ciel ; de l'autre, un puritanisme à la misogynie si opaque et douloureuse qu'il paralyse et peut rendre fou. Sortant d'une conférence sur les mystiques soufis, qui nous avait rappelé que (contrairement au cliché sur la haine supposée du judéo-christianisme envers l'érotisme), des monothéistes majeurs avaient clairement affirmé « adorer Dieu dans le corps de la femme » – adoration que l'on pourrait (très imparfaitement) dire platonicienne, en ce qu'à travers un beau corps, elle trouve l'idée qui le structure et, au-delà de cette idée, va jusqu'à s'anéantir dans la beauté pure –, nous avons été quelques-uns à nourrir le désir d'aborder ce vaste sujet en allant interroger des explorateurs de la voie amoureuse...

Tout commence par la *pornéia*, l'amour du bébé qui « dévore » le sein de sa mère. Puis l'amour-nourriture s'allège en amour érotique, qui donne des ailes à la gourmandise infantile, lui évitant de s'alourdir en voracité. Mais *éros*, malgré ses ailes, vit encore dans le manque et prête donc un flanc à la complaisance. Alors vient l'amour philanthropique, *philia*, qui est plein, apaisé, et relie les vrais amis dans un partage égal. Mais la voie amoureuse ne s'arrête pas là : *philia* elle-même quitte le plan de la simple amitié pour s'élever plus haut encore, là où règne l'amour inconditionnel, l'*agapé* – qui émerge quand on ne cherche plus l'amour, mais qu'on est capable de le donner, pour rien, dans une gratuité absolue.

L'histoire du judéo-christianisme place cette ascension amoureuse comme un chemin décisif vers Dieu. D'où l'importance du Cantique des cantiques et des Évangiles apocryphes – celui de Marie, ou celui de Philippe : on y voit Jésus en relation avec une femme, Myriam de Magdala. Cette rencontre est aussi l'image de Dieu. C'est la capacité de rencontrer une altérité. On sait que l'humain est androgyne, il pourrait être heureux tout seul. Mais si l'on revient au texte biblique, émerge une anthropologie où « il n'est pas bon que l'homme soit heureux seul ». Comme si, pour passer de l'état d'objet à celui de sujet, il fallait passer par la relation avec l'autre.

« Alors, dit le prêtre orthodoxe Jean-Yves Leloup [1], le mot *amour* devient le mot *alliance*. Une alliance entre deux libertés, entre deux sujets qui s'inclinent l'un devant l'autre. On n'est plus dans un registre de la complémentarité. L'autre n'est pas là pour combler le manque. Ce sont deux sujets. Et dans la relation entre ces deux libertés se révèle quelque chose de divin. Ce n'est pas un amour de dépendance ni un amour de séduction, c'est une alliance qui porte du fruit. Le fruit peut être un enfant, mais aussi une œuvre – ou bien le plaisir ! –, mais dans tous les cas, c'est une façon de mettre Dieu au monde. Au cœur de la relation elle-même se révèle quelque chose de l'Être de Dieu. »

1. In *Nouvelles Clés*, n° 34, été 2002.

Introduction

Ce livre rassemble une vingtaine d'articles ou d'entretiens menés avec différents auteurs, artistes ou thérapeutes, sur l'amour et le sexe dans leur rapport à la spiritualité. Pour pénétrer le cœur de ce triangle magique – chacun nous l'a dit à sa façon –, l'équation principale s'avère la plus simple : vivre = aimer. Peut-être parce que aimer réunit au plus près l'âme, l'esprit et le corps, et représente le seul chemin de l'incarnation. Un amour désincarné signifierait-il quelque chose ?

Mais quel travail !

Chantier sublime de la création, qui se poursuit par nous.

Faites-vous partie des créateurs de nouveaux mondes ?

Première partie

La force du désir

Désir et vie ne sont-ils pas les synonymes par quoi tout commence ? L'immense majorité des humains est issue du désir d'enfanter qui habita, consciemment ou pas, leurs parents, désir inextricablement lové dans l'attirance amoureuse. De cette aimantation initiale est issu le bouquet de nos désirs de vivre, que nous gardons chevillés en nous jusqu'au bout. À la fin des années 90, l'association Kübler-Ross-France organisa une table ronde sur « Le désir des personnes en fin de vie » : derrière les apparences les plus arides du naufrage final, le désir demeure d'une intensité stupéfiante. Entre la naissance et la mort, il prend tour à tour des formes innombrables, toutes orientées, pourrait-on dire, autour d'un même axe invisible (essentiel, dirait Paul Diel) et très paradoxal : retrouver le tout autre qui est en même temps nous-mêmes.

Cependant, si la force du désir est immense, le mystère de sa vraie nature ne l'est pas moins. Même dans les situations les plus simples, nous ne savons pas, au commencement, pourquoi une personne, une idée, une situation nous attirent, ni pourquoi nous ne les désirons soudain plus. Qu'y peut la volonté ? D'un bout à l'autre de nos vies, nous sommes habités par une soif, à la fois charnelle et spirituelle, de l'inaccessible. Tropisme de l'autre, conduisant au bonheur... mais aussi au manque, à l'illusion, à la souffrance. De nombreux sages en ont tiré la conclusion abrupte que le désir est en réalité un piège, son objet demeurant inaccessible, tel un mirage fascinant que le but d'une vie bien menée serait justement de dépasser. Mais si vie et désir ne sont pas synonymes, est-ce alors la vie elle-même qui est une illusion ?

Le mystère du désir

PAR JACQUES SALOMÉ [1]

La tendresse est la composante non violente du désir.
Ne confondons pas le désir (idéal) et le besoin (vital).

Un être réalisé qui a rejoint son étoile intérieure vit, dit-on, un bonheur sans désir. Certaines approches spirituelles, certains enseignements visant à la recherche de la sagesse invitent le disciple à se dépouiller de tout désir, à renoncer à l'illusion de sa satisfaction, au leurre de sa répétition, pour libérer toutes ses énergies afin qu'il en dispose pour s'accomplir pleinement. S'interroger sur le mystère du désir, c'est ouvrir un chemin à une des quêtes essentielles de l'homme, son mouvement vers plus d'absolu, vers de l'inaccessible, vers une aspiration à un ciel non pas réduit au religieux, mais ouvert sur le divin.

Ce qui me semble caractériser le désir, c'est le *mouvement vers*. Vers l'objet de son désir quand il est iden-

1. Jacques Salomé est l'auteur de *En amour l'avenir vient de loin*, Albin Michel ; *Je croyais qu'il suffisait de t'aimer*, Albin Michel ; *Vivre avec les miens*, éd de l'Homme ; *Une vie à se dire*, Pocket.

tifié, vers une démarche susceptible de conduire au plus près de ce qui a été nommé désir. Ce mouvement peut prendre la forme d'un élan irraisonné, d'une interrogation, d'un cheminement labyrinthique vers à la fois ce qui nous manque et ce qui constitue l'ultime différence, l'autre qui n'est pas moi ou cette part de moi dont j'ai été séparé un jour, il y a longtemps, dans mon histoire temporelle et dans cette part d'histoire intemporelle dont je suis aussi habité.

Il conviendrait, chaque fois que l'on parle du désir, de ne pas le confondre avec le besoin. Le besoin se relie à la survie, il est antérieur au désir, dans le sens où il devient prioritaire quant à sa satisfaction, surtout lorsqu'il s'agit des besoins vitaux primaires. Le désir, lui, est un dépassement de la survie, pour un accomplissement de soi qui doit être de l'ordre d'une réunification avec le tout, avec une totalité dont nous pressentons qu'elle fait partie de nous et dont nous sommes irrémédiablement séparés.

Si le désir se substitue au besoin, au point de le nier, il conduit à l'anéantissement de soi. On le voit dans certaines passions amoureuses, qui conduisent à la mort. Celle de l'être désiré, quand il ne peut appartenir totalement à celui qui désire ; celle du désirant quand il sent qu'il ne pourra fusionner, absorber, se fondre avec celui ou celle qui est désiré. Une dérive du désir sera la dépression. La dépression qui se vit parfois comme un état sans désir (« Je n'ai envie de rien »), c'est l'état de vie sans désir de celui qui erre sans focalisation possible sur un objet de désir extérieur à lui, qui ne croit plus au possible d'un changement.

Parfois un désir vécu comme essentiel risque de s'éparpiller, de s'ancrer ou de se perdre dans une voie lactée d'étoiles virtuelles. D'autres fois encore, le désir qui veut prouver son existence se cherchera et s'incarnera dans un objet, dans des biens matériels, sensoriels, affectifs, culturels et éthiques. Alors, il renaîtra sans cesse des scories de sa consommation, des déchets de ses déceptions ou des satisfactions momentanées, pour s'investir encore dans la recherche de nouveaux biens, de nouveaux objets ou d'engagements à venir.

Dans les relations proches, le désir peut avoir deux faces :

— un désir vers l'autre, caractérisé par un mouvement en direction d'une personne. Mouvement chargé le plus souvent d'énergies créatrices, d'offrandes, de dons de soi : « J'ai envie d'être avec lui, avec elle, de lui parler, de lui donner, de le connaître, de partager... », avec le sentiment que l'autre nous permet d'accéder au meilleur de nous, pour justement pouvoir lui en faire le cadeau ;

— un désir sur l'autre où le désir du désir de l'autre est plutôt un mouvement de type boomerang, qui paraît dans un premier temps tourné vers l'autre, mais qui est destiné à revenir vers soi. Le désir sur l'autre est bien un mouvement vers soi. C'est un désir de pouvoir, d'influence, qui peut devenir terroriste et traquer les résistances, la volonté ou le non-désir de l'autre : « J'ai envie qu'il ait envie d'être avec moi, de m'écouter, de recevoir ce que j'apporte, de se laisser connaître. J'ai le désir de son désir. » Ce type de désir sera le plus difficile à vivre car il peut conduire aux aberrations relationnelles du type : « Tu dois m'aimer. » Il est entretenu par la croyance en la toute-puissance du désir « capable de vaincre tous les obstacles y compris le refus, le non-désir, le non-amour de l'autre ».

Ce désir-là débouche sur une double violence : contre

soi-même et contre l'autre. Découvrir (ou refuser de découvrir) que nous n'avons pas prise sur le désir de l'autre est insupportable à certains. Accepter d'entendre que nous n'avons que le pouvoir restreint de l'éveiller parfois ou de le stimuler (éventuellement) quand ce désir est présent, mais que nous sommes démunis, impuissants quand le désir de l'autre est absent ou investi ailleurs. Le désir de l'autre lui appartient, il est là, potentiellement présent, ou il n'est pas. Quand notre propre désir se heurte au non-désir, quand nous accédons à cette évidence douloureuse qu'il n'a pas de pouvoir sur le désir de l'autre, cette découverte va blesser (et réactiver) l'illusion de la toute-puissance infantile [1] qui navigue encore en nous, même à l'âge adulte. Il subsiste en chacun des reliquats de cette toute-puissance perdue, toujours difficile et parfois insupportable à accepter.

Dès qu'il se vit comme distinct de sa mère, le bébé découvre qu'il n'a pas prise sur ses sentiments à elle. Il peut tenter d'exercer un certain pouvoir sur les actions de l'entourage, sur celles de sa mère (s'il crie assez longtemps, elle viendra), mais pas sur ses désirs (elle

1. I.T.P.I. : Cette illusion remonte aux premiers jours de la vie, quand le bébé imagine que le monde qui l'entoure tourne autour de lui ; prêt à satisfaire besoins et désirs, sans contrepartie, de façon quasi automatique. L'illusion de la toute-puissance infantile se heurte en général, entre deux et trois ans, à la découverte du principe de réalité. Maman, papa, l'entourage ne répondent plus systématiquement, refusent, diffèrent, modifient leurs réponses, bref, frustrent, déçoivent, irritent l'enfant et le confrontent à une réalité qui n'est pas toujours au service de ses besoins et désirs. Ce sevrage relationnel, constitué d'une alternance de gratifications et de frustrations, permet au moi d'un enfant de se structurer pour faire face à l'imprévisible de la réalité extérieure.

viendra à contrecœur). L'enfant peut aussi découvrir qu'il a de l'influence sur des ressentis parasitaires comme la culpabilité, la peur de trop faire, de ne pas faire assez, ou sur l'image que l'autre veut avoir de lui-même. Et trente ans plus tard, ces ex-bébés devenus parents à leur tour tenteront encore d'exercer ce pouvoir auquel ils n'auront pas renoncé sur un être dépendant d'eux, leur propre enfant, en « marchandant » plus ou moins consciemment ses sentiments : « Tu ne peux pas faire cette peine-là à ton père, il ne s'en remettrait pas. » En réalité, pour l'enfant comme pour le parent, il n'y a que deux chemins possibles :

— accepter que l'autre soit différent et s'affirme tel qu'il est avec des désirs propres, parfois semblables aux miens et d'autres fois éloignés ;

— tenter de séduire l'autre, de le contraindre, de le manipuler, de le mystifier, ou même de le rendre fou, pour le faire entrer dans sa sphère d'influence.

Et, fréquemment, nous allons constater que beaucoup de partenaires en amour vont jouer au même jeu relationnel, « tenter de remplacer le désir de l'autre par le leur, ou amalgamer le désir de l'autre au sien ». Avec la présence d'un enjeu supplémentaire : le désir sexuel. Il y a dans l'esprit et le cœur de beaucoup d'adultes une confusion certaine entre amour et désir. Beaucoup d'hommes et de femmes imaginent qu'ils aiment parce qu'ils sont désirants et ils attendent ainsi une preuve de réciprocité. « Regarde comme je t'aime, j'ai toujours du désir pour toi », dira cet homme à sa femme qui, elle, pourra l'aimer sans pour autant éprouver du désir au même moment. Ce qui permettra au même homme d'affirmer : « Si tu n'as pas de désir, c'est que tu ne m'aimes pas. » Et tenter ainsi de nier le mystère du désir, le miracle de son émergence, de sa mobilité et de sa fluidité.

Le désir reste un mystère dans le sens où non seulement il échappe à toute définition, à tout enfermement, mais aussi à toute loi, à toute règle. Parfois il est là, lumineux, dynamique, actif, et d'autres fois, il s'absente, se dissout, se perd. Si le désir est, comme nous l'avons vu, un mouvement, nul ne sait le moteur ou le carburant de ce mouvement. Qu'est-ce qui le déclenche, le nourrit, l'entretient dans la durée ?

Le désir de la présence de l'autre, de son amour, de ses attentions peut être variable, mouvant, instable. Il peut se dérober, se diluer, voire disparaître sans raison, sans cause apparente. Le désir sexuel, par exemple, peut être très présent, très actif dans une relation et s'évanouir chez une femme après une naissance, comme si le bébé, nouveau venu, comblait ses sens, rassasiait toutes ses aspirations. Dans tel couple, le désir sexuel de l'un encore si puissant quelques mois auparavant peut s'atténuer, se dissoudre, disparaître sans qu'aucune stimulation ne parvienne à l'éveiller. Ces phénomènes incontrôlables vont réveiller chez l'autre partenaire une souffrance insupportable parce que incompréhensible. Il cherchera à tout prix une explication... qui de toute façon ne le satisfera pas. Il y a chez le désirant un acharnement dérisoire mais puissant pour chercher à comprendre, à expliquer et donc à influencer le positionnement de l'autre.

C'est à la fois terrible et émouvant de voir deux êtres qui s'aiment, et qui désirent poursuivre une relation de couple, se déclarer une guerre meurtrière au cours de laquelle chacun tentera de dicter à l'autre comment il doit être.

Ou le désirant veut à tout prix comprendre ce qui s'est passé, rechercher s'il n'a pas un rival, un concurrent, s'il est toujours aimé, s'il n'a pas été maladroit, insuffisant. Le plus souvent, il va tenter de chercher une cause (un autre) ou de s'attribuer une responsabilité dans la disparition du désir de l'autre.

Ou le non-désirant pourrait tenter de décentrer le désirant, de le faire renoncer, de lui dire : « Tu ne penses qu'à ça, tu pourrais t'intéresser à moi d'une autre manière, vivre avec moi d'autres désirs, je ne suis pas là seulement pour faire l'amour, pour répondre à ton attente... » Le harcèlement peut se déplacer sur l'obtention du plaisir de l'autre, exigé comme un dû et participer de la dynamique suivante : « Non seulement je veux que tu aies du désir, mais aussi du plaisir, car c'est cela qui est bon pour toi, c'est cela que j'attends de toi... pour me sentir bien, pour me sentir un vrai homme (ou une vraie femme). »

Dans certaines relations, l'un pourrait penser : « Quand l'autre m'a particulièrement comblé et qu'il se dérobe un jour à mon désir, qu'il me dépossède du sien, je me sens alors renvoyé au néant. J'existais par le désir de l'autre, et sans ce désir vers moi, la vie n'a plus de goût, plus de sens. »

Il arrive parfois que le non-désir de l'un tue le désir de l'autre : « Moi j'avais besoin de ton désir pour confirmer le mien, je ne le sens plus, je n'ai donc plus de désir envers toi ! » Cela peut réactiver des béances insondables et mal cicatrisées, réveiller des manques toujours présents de la petite enfance, avec des réactions souvent disproportionnées qui surgissent chez des adultes par ailleurs raisonnables.

Que devient un désir qui ne rencontre pas de réponse satisfaisante ? L'intolérance à la frustration l'a peut-être transformé en vaine exigence (demandes répétées), en blessures profondes (mutisme, refus, repliement sur soi), en obsession dévitalisante (pornographie...). Certains ont aussi tendance à renier leur désir aussitôt qu'ils rencontrent une réponse négative. Ils confondent le désir avec la réponse reçue. Aucun désir ne peut s'énoncer en termes de « si tu veux » ou « si tu es d'accord ». Le vouloir ou l'accord de l'autre, c'est la réponse, ce n'est pas le désir.

Ce qu'il faut savoir, c'est, dans un premier temps, oser reconnaître que j'ai un désir (ou un non-désir) et qu'il est bien chez moi. Ensuite, oser reconnaître le désir (ou le non-désir) de l'autre comme étant bien... chez l'autre. Si une rencontre, un accord peut se faire, tant mieux, sinon, il appartient à chacun de respecter son désir, sans le violenter. Car il est des désirs qui peuvent rester à l'état de désir, sans nécessairement se réaliser ou être comblés.

Le désir, protéiforme dans ses manifestations, mystérieux dans son éveil, évolutif, mobile, changeant, est le nerf de toutes les relations et de tous les projets, de tous les drames aussi. Son infinie variété et sa ténacité à renaître suscitent émerveillement ou angoisse, plaisir ou déplaisir, bien-être ou malaise. Mais c'est le désir qui est toujours à l'origine de la créativité et du dépassement de soi. *C'est le désir qui est à la source de la beauté créée.*

La vie naît d'un désir qui monte de l'entrejambe

PAR HENRI GOUGAUD

Ne faisons pas les hypocrites, quand on prononce le mot « désir », chacun pense au sexe. Faire l'amour. Certes, ce qui tend à s'user le plus vite, c'est l'obsession répétitive d'un besoin érotique qui ne serait que génital. Mais l'état amoureux s'épuise-t-il ? Je ne pense pas. Mais je peux vivre ça « en soi » et en permanence, sans que cela se transforme forcément en acte sexuel à chaque fois.

Les femmes comprennent cela bien mieux que les hommes. Elles savent que l'on peut érotiser toute sa vie, cultiver un état permanent de désir, sans être obligé de le satisfaire en l'épuisant. C'est une question de mesure. Se trouver dans un état de désir érotique permanent, cela ne s'use pas, mais se cultive, sans conduire à la frustration. Il y a là un équilibre à trouver. La plupart des gens s'imaginent que nous ne pensons qu'avec la partie supérieure de notre corps et que le bas ne saurait être le siège que de pulsions animales. Ce n'est pas vrai. Nous pensons avec tout notre corps et je me demande même si les pensées les plus intéressantes ne nous viennent pas de nos entrailles et de notre sexe.

C'est dire si, à mon avis, l'état de désir nous met en rapport avec la spiritualité ! Quand Jésus dit : « Aimez-vous les uns les autres », il le pense concrètement. Si mon corps ne comprend pas une chose, rien de moi ne peut réellement fonctionner. Alors qu'à partir de cette sensation qui me monte de l'entrejambe, ma vie entière peut se trouver revivifiée. Cela me fait voir les feuilles des arbres plus vertes et la tête des gens plus humaine et plus digne de respect ! Quoi de plus normal, d'ailleurs : ne sommes-nous pas nés d'un désir d'entrejambe ? N'est-ce pas notre identité de départ ?

Or, voilà bien le terrible paradoxe des cultures frappées de puritanisme : inversant la proposition de départ de la vie, elles stipulent que tout ce qui touche au désir est vil et sale, et que l'entrejambe ne saurait être que le lieu le plus impur qui soit ! Pourtant, fondamentalement, notre sexe n'est pas plus sale que nos pieds ou que notre nez. L'inverse, la stérilité, qui avait de tout temps été considérée comme un drame et une malédiction, est devenue, en Occident moderne, un mot positif : ce qui est stérile, ou stérilisé, c'est ce qui est exempt de microbes, de saleté, d'impureté... Je dis qu'une civilisation qui fait de la stérilité une vertu est malade.

Le pire, c'est que le culte de la pureté stérile n'est pas le seul fait des catholiques ni des chrétiens. Je suis né dans une famille de laïcards bouffeurs de curé, eh bien, ils étaient plus puritains que ces derniers ! Pour le vieux libertaire que je suis devenu dès que j'ai su aligner trois idées tout seul, le puritanisme de certains écolos est aussi insupportable. Pourquoi l'Occident a-t-il déserté son corps et son plaisir ? Dans la Grèce antique, Apollon et Dionysos sont frères. L'un représente la spiritualité, l'autre le plaisir, et ils communiquent. L'équivalent chrétien de Dionysos, c'est hélas Satan le Cornu. Une séparation radicale coupe désormais l'être en deux. Il faut choisir son camp : soit l'Église et l'abstinence, soit le plaisir et le néant. Aujourd'hui, il n'est plus question d'Église, mais la démocratie républicaine a pris la place centrale, avec son modèle universel. Tout cela signifie que nous sommes incapables de sortir de l'état de guerre. Toutes les métaphores actives, en politique comme en économie, demeurent guerrières. Ainsi nous sommes en guerre contre le « sale », le « diable », le « noir », le « faux ». Je crois que cet état de guerre permanent est le fruit du puritanisme.

Arrêtons ! Que le désir, la pulsion créatrice, l'amour tiennent à nouveau la place centrale de nos existences !

Désirer, c'est se convertir au monde

ENTRETIEN AVEC ANDRÉ COMTE-SPONVILLE[1],
MENÉ PAR FRANÇOIS L'YVONNET

Pouvons-nous atteindre sereinement l'objet de notre désir, comme le suggère Spinoza, ou le désir est-il par essence ce qui nous manque et nous échappe, comme le suppose Sartre ?

Finalement, c'est le couple qui sauvera l'esprit.

L'homme est une création du désir, non pas une création du besoin.

L'amour, à lui seul, est déjà ce divin paradoxe, car ce qu'il donne, il le possède encore, d'autant plus riche qu'il donnera davantage.

François L'Yvonnet : *Commençons par une remarque étymologique : le mot « désir » vient du latin* desiderare *– de* sidus, *« étoile » – qui, dans la langue des augures, évoquait une sorte de constatation : l'absence d'un astre, accompagnée d'une forte idée de regret (alors que* considerare, *c'est contempler l'astre présent). Le désir serait ainsi de l'ordre d'un manque dont on fait l'expérience douloureuse...*

1. À lire d'André Comte-Sponville, *Qu'est-ce que l'amour ?*, L'Esprit du temps.

André Comte-Sponville : Auquel cas le désir, dans sa temporalité, n'aurait guère le choix qu'entre la nostalgie (le manque du passé) et l'espérance (le manque de l'avenir). Car le présent, lui, ne manque jamais... Mais n'allons pas trop vite. L'étymologie, en l'occurrence, correspond à la définition la plus usuelle du désir : il serait un manque. C'est une définition qui traverse toute l'histoire de la philosophie. Pour la prendre en ses deux pôles, en son origine et en son terme au moins provisoire, c'est aussi vrai chez Platon que chez Sartre. Chez Platon, le texte de référence, c'est *Le Banquet*. Ce dialogue porte sur l'amour et non pas sur le désir, mais cela revient au même : quand Socrate prend à son tour la parole, à la question : « Qu'est-ce que l'amour ? », il répond en substance : l'amour est désir et le désir est manque. « Ce qu'on n'a pas, ce qu'on n'est pas, ce dont on manque, voilà les objets du désir et de l'amour. » Cette définition du désir comme manque va courir à travers toute la tradition philosophique pendant plus de vingt siècles, jusqu'à Sartre, qui écrit dans *L'Être et le Néant* que « l'homme est fondamentalement désir d'être » et que « le désir est manque ».

C'est une définition qui semble vraie, dans la mesure où très souvent, peut-être le plus souvent, nous désirons en effet ce que nous n'avons pas, ce qui nous manque. Une définition qui n'est que souvent vraie est une définition fausse. Définir le désir comme manque n'est donc juste que si, et seulement si, tout désir est manque. Or, il nous arrive très souvent de désirer ce qui ne manque pas... J'en donnerai deux exemples. D'abord l'appétit, et plus précisément le plaisir de manger de bon appétit. Il y a une différence entre la faim et l'appétit, que bien des dictionnaires philosophiques méconnaissent, comme si l'appétit aussi était un manque, comme si on ne désirait manger que lorsqu'on a faim, que lorsqu'on manque de nourriture ! Alors que l'expérience que nous avons de manger de bon appétit, c'est justement le plaisir de manger quelque chose qui ne manque pas, puisqu'on le mange, mais dont on jouit. Quand vous souhaitez « bon appétit » à vos convives, cela ne veut pas dire que vous leur souhaitez de bien manquer de nourriture, mais au contraire que vous leur souhaitez de pouvoir jouir de la nourriture qui ne leur manque pas.

Deuxième exemple, la sexualité. J'ai grand-peine à concevoir le désir sexuel comme un manque : c'est l'impuissant, la frigide ou le frustré qui manquent de quelque chose, pas les amants comblés et dispos qui sont en train de faire l'amour ! Si vraiment nous ne pouvions désirer que ce que nous n'avons pas, notre vie sexuelle serait encore plus compliquée qu'elle ne l'est... Faire l'amour, c'est désirer l'homme ou la femme qui est là, qui ne manque pas, qui se donne, dont la présence (non l'absence ou le manque) nous comble. Mon expérience intime de la sexualité n'est pas du tout du côté du manque ! Ou bien il faudrait penser que ce qui manque, ce n'est pas l'amant ou l'amante, mais l'orgasme. Quelle tristesse ! Si c'était vrai, la masturbation ferait aussi bien l'affaire... Lorsqu'on boit un bon vin, ce n'est pas parce qu'on a soif, ce n'est pas parce que ce vin nous manque. Si je désire écouter Mozart, ce n'est pas parce qu'il me manque (le désir esthétique est très clairement un désir sans manque), c'est parce que je l'aime, ce qui est très différent.

La définition du désir comme manque me paraît fausse, puisqu'elle n'est vraie que souvent et qu'une bonne définition doit être vraie non pas souvent mais toujours. Platon et Sartre ont donc tort, et c'est heureux. Car si cette définition du désir comme manque était vraie, le désir nous vouerait à l'ennui et à l'insatisfaction. Si le désir est manque, je ne peux en effet désirer que ce que je n'ai pas. Or, qu'est-ce que le bonheur ? Platon nous répond (mais Kant dira la même chose) qu'être heureux, c'est avoir ce qu'on désire. Mais si le désir est manque, on ne désire par définition que ce qu'on n'a pas ; on n'a donc jamais ce qu'on désire, si bien qu'on n'est jamais heureux. C'est une expérience que nous faisons souvent. Tantôt je désire ce que je n'ai pas, et je souffre de ce manque, tantôt j'ai ce que dès lors je ne désire plus, et je m'ennuie. Comme le dit Schopenhauer, en bon platonicien qu'il est : « Ainsi toute notre vie oscille comme un pendule, de droite à gauche, de la souffrance à l'ennui. » Souffrance, parce que je désire ce que je n'ai pas, et que je souffre de ce manque ; ennui, parce que j'ai ce que dès lors je ne désire plus... Si bien que nous avons une définition fausse, puisqu'elle ne vaut pas pour tous les désirs, et pernicieuse, puisqu'elle nous voue à la frustration ou à l'ennui, et donc au malheur. Si la vie est une alternance de frustrations et d'ennuis, le moins qu'on puisse dire, c'est que ce n'est pas une vie heureuse !

Bref, j'avais deux raisons de chercher une autre définition : une raison théorique, puisque les définitions de Platon et de Sartre me paraissaient fausses, et une raison pratique, puisqu'elles me semblaient nous vouer au couple infernal de l'ennui et de la frustration. Il fallait donc chercher une autre définition : je la trouvai chez Spinoza, chez qui le désir n'est pas manque, mais puissance. Puissance de jouir et jouissance en puissance. Ou, pour être un peu plus précis, puissance de jouir et d'agir : puissance de jouir et jouissance en puissance, puissance d'agir et action en puissance. Comme le disait déjà Aristote dans le *De Anima* (III, 10), « il n'y a qu'un seul principe moteur, la faculté désirante » : le désir est l'unique force motrice, ce pourquoi Aristote rattache au désir et le courage et la volonté (*ibid.*, II, 3). J'en suis d'accord avec lui, et ce m'est une raison de plus pour ne pas réduire le désir au manque. De quoi manque le courage ? De quoi manque la volonté ? Le désir n'est pas un manque. Le désir est une force, l'unique force motrice, en effet, ce qu'on pourrait appeler, dans un langage plus spinoziste, l'unique puissance active.

Ce mot de « puissance » m'intéresse pour plusieurs raisons. D'abord parce qu'il est au plus près de l'expérience érotique : au sens où l'on parle de puissance sexuelle. Un amant heureux, une amante heureuse n'ont pas besoin d'être frustrés sexuellement pour avoir envie de jouir de l'homme ou de la femme qu'ils aiment ou qu'ils désirent. Mais c'est aussi un mot philosophiquement décisif. Dans la problématique spinoziste, ce mot de « puissance » en prolonge trois autres : le *conatus*, qui est l'effort de tout être pour persévérer dans son être, qui prend chez un être vivant la forme de l'appétit et chez un être conscient la forme du désir (que Spinoza définit comme l'« appétit avec conscience de lui-même »). Enfin, penser le désir comme puissance me permettait aussi de faire le rapport entre la tradition philosophique classique, spécialement chez Spinoza, et celles de Freud et Marx. Ce qui permet de donner son maximum d'extension au concept freudien de libido, c'est justement qu'il ne se cantonne pas au manque : le désir agit, y compris quand il n'y a pas de manque à combler ! Et chez Marx, la notion d'intérêt de classe n'est pas non plus forcément référée à un manque. Je disposais donc d'un concept, celui de désir, qui me permettait de faire le lien entre Spinoza, Marx et Freud, et en un sens aussi avec Épicure et Lucrèce (autour des notions de *clinamen* et de *voluptas*). J'étais ainsi au cœur d'une constellation philosophique dans laquelle je me reconnais et qui m'est chère. Ma définition du désir, c'est qu'il n'est pas un manque : il est une puissance, une force, une énergie, il est l'expression en nous du *conatus*, c'est-à-dire de notre puissance d'exister, d'agir et de jouir. S'il apparaît souvent comme manque, ce que je ne conteste pas, c'est que cette puissance d'exister, d'agir et de jouir fait très souvent l'épreuve de la frustration, si souvent qu'on a fini par croire que c'était là son essence.

Si l'on pense le désir comme puissance d'exister, en tant qu'il sera accroissement de notre puissance, ne s'accompagnera-t-il pas alors de joie ?

Si l'on reprend cette problématique spinoziste, l'essence de tout être est sa tendance à persévérer dans l'être, son *conatus*, qui prend la forme de l'appétit chez un être vivant, et du désir chez l'homme. Ce désir, c'est la tendance à exister plus, la puissance d'exister le plus possible, et quand cette puissance est satisfaite, quand en effet nous existons davantage, nous éprouvons un affect particulier que Spinoza appelle la joie, et quand, au contraire, nous existons moins, nous connaissons la tristesse. Si bien que si « le désir est l'essence même de l'homme », comme dit Spinoza, il est de notre essence de désirer la joie. Bien loin que mon essence me voue au manque, et donc à l'alternance mortifère d'ennui et de frustration, elle me voue au contraire à la joie. C'est la formulation spinoziste du « principe de plaisir » : jouir et se réjouir le plus qu'on peut, souffrir le moins qu'on peut. La conceptualisation spinoziste du désir permet ainsi de donner un socle métaphysique au « principe de plaisir » freudien.

Peut-on rapporter cette théorie du désir comme affirmation ou production à l'idée de détachement telle qu'elle apparaît dans le bouddhisme ?

On trouve en effet dans le bouddhisme l'idée qu'il faut supprimer le désir... Si c'était absolument vrai, cela voudrait dire que le bouddhisme serait une pensée mortifère, disons du côté de la pulsion de mort. Ne plus désirer, si l'on suit Spinoza, ce serait ne plus être : le bouddhisme serait alors un désir de néant, à la lettre un nihilisme. C'est l'image qu'il a eue traditionnellement, qui a beaucoup fasciné le XIXe siècle occidental, et qui encore aujourd'hui subsiste ici ou là... Freud, par exemple, a appelé « principe du nirvâna », le principe qui tend à vouloir toujours réduire les tensions, et donc à désirer la mort. Dans *Au-delà du principe de plaisir*, texte fascinant, Freud nous dit que les deux pulsions de vie et de mort n'en font qu'une, qui est la pulsion de mort. De ce point de vue, mon ancrage spinoziste m'éloigne autant de cette vision du bouddhisme comme nihilisme que de la tendance qu'a Freud, parfois, à privilégier ontologiquement la pulsion de mort. Ce que je crois, s'agissant du bouddhisme, c'est qu'en vérité lorsque le Bouddha parle de supprimer le désir, il pense au désir comme manque, à ce qu'il appelle la soif, qui est bien un manque, au même titre que la faim. Or, comme je vous l'ai dit, ce n'est pas là pour moi l'essence du désir, puisqu'on peut désirer boire sans avoir soif, non forcément parce qu'on serait alcoolique et qu'on manquerait d'alcool, mais parce que ce qu'on va nous servir à boire (un café, un grand vin, un jus de fruit, un verre d'eau...) est pour nous cause de plaisir ou de joie. Le nirvâna est du côté de l'extinction de la soif, donc de la disparition du manque. Mais on se tromperait du tout au tout si on voulait pour autant supprimer le désir. Si j'ai raison de penser que le manque n'est pas l'essence du désir mais son accident, supprimer le manque c'est au contraire revenir à la positivité du désir lui-même, c'est-à-dire à cette pure puissance d'exister, d'agir et de jouir, en tant qu'elle ne manque de rien. Ma lecture du bouddhisme – dont je ne suis pas un spécialiste, mais sur lequel j'ai essayé de m'informer un peu sérieusement – est à l'opposé du nihilisme. Le Bouddha tente de nous faire comprendre comment on peut se libérer du manque, sans pour autant se libérer de ce que j'appelle le désir, disons de la puissance de vivre, ce qui reviendrait à mourir. La sagesse que je cherche est du côté de la vie, et non pas du côté de la mort. Si bien que le détachement est une espèce de conversion du désir, et cela dans la mesure même où le plus souvent nous ne savons désirer que ce qui nous manque – sur ce point, Platon a raison –, alors qu'au contraire la plénitude, qui est l'absence du manque, peut être vécue bien davantage dans le détachement. Si c'est le manque qui nous attache, il faut se libérer de cet attachement, donc du manque. Et pour ce faire, il s'agit non pas de supprimer tout désir, ce qui reviendrait à se suicider ou à tendre vers la mort, mais au contraire de convertir le désir pour obtenir qu'il ne soit plus dévoré par le manque, pour qu'il soit du côté de la puissance, de la jouissance, de l'action, de la joie – de la plénitude.

N'a-t-on pas tendance aujourd'hui à se méprendre sur la doctrine bouddhiste du désir, à lui prêter de bien curieuses vertus permissives ?

Désirer, c'est se convertir au monde

La vraie logique du bouddhisme, telle que le non-spécialiste que je suis la perçoit, me paraît être du côté du détachement, de l'absence de manque, et donc d'une expérience de plénitude. Nos contemporains aimeraient bien avoir accès à cette plénitude, mais à la condition de ne pas renoncer à tout ce qui les fait courir. Ils veulent avoir et le manque et la plénitude, ce qui est impossible. On ne peut pas avoir le beurre, l'argent du beurre et le sourire de la crémière, comme on dit familièrement. On ne peut pas avoir le manque et la plénitude, l'attachement et le détachement. Le bouddhisme, comme la plupart des écoles de sagesse, est avant tout une thérapie du désir, qui suppose tout un travail sur soi, et on se trompe lourdement en imaginant qu'on puisse être quitte avec un tel travail en faisant deux ou trois heures de yoga par semaine ou en lisant quelques livres spécialisés. Plus essentiellement encore, le bouddhisme est avant tout une tentative pour se libérer de l'ego, du moi qui est une pure illusion...

Une sorte de décréation bouddhiste...

Ou l'équivalent bouddhiste, en tout cas, de ce que Simone Weil appelle en effet la « décréation ». Alors que nos concitoyens ont tendance à utiliser le bouddhisme davantage pour conforter l'ego que pour le dissoudre. D'où le contresens à propos de la réincarnation : dans le bouddhisme, c'est une pensée qui vise à mettre le moi à distance (pourquoi te préoccuper de ton ego, puisque tu n'étais pas cet ego-là dans ta vie précédente, puisque tu ne seras pas cet ego-là dans ta vie ultérieure, puisque l'ego n'a qu'une existence impermanente et illusoire ?).

En Occident, on a tendance à récupérer cette pensée

anti-égoïque de la réincarnation pour en faire un renforcement narcissique de l'ego, sur le mode (pour reprendre une formule de Folon) : « Un type comme moi ne devrait jamais mourir ! » Mon petit moi est formidable ; ce serait vraiment atroce de le perdre... Heureusement, le bouddhisme m'apprend que je vais le retrouver dans une autre vie... Eh bien non ! Dans une autre vie, ce ne sera pas moi, ce sera un autre moi, tout aussi illusoire et impermanent que celui que je suis, ou que je crois être, en ce moment.

Revenons à cette idée de détachement. Quelle peut être la part de l'exercice dans sa réalisation ? N'avons-nous pas affaire ici à des sagesses éminemment pratiques ?

Pour montrer que le désir est l'unique force motrice, Aristote, avec son génial bon sens, remarque dans le *De Anima* que la raison sans désir est incapable de faire agir quiconque, alors que le désir sans raison y parvient fort bien. Certes, on peut parfois agir raisonnablement, mais c'est parce que le désir mobilise la raison. Le désir, quand il n'est pas manque, est essentiellement deux choses : volonté ou amour. La différence entre l'espérance et l'amour, c'est que l'espérance est un désir qui porte sur l'irréel, alors que l'amour est un désir qui porte sur le réel. La différence entre l'espérance et la volonté, c'est que l'espérance est un désir dont la satisfaction ne dépend pas de nous – pour parler comme les stoïciens –, alors que la volonté est un désir dont la satisfaction dépend de nous. Si bien que cette conversion du désir, dont je vous parlais (à quoi se ramènent les exercices que vous évoquiez, mais à quoi se ramène en général la démarche de sagesse), consiste essentiellement à apprendre à aimer et à vouloir. Plutôt que de rester obsédé par ce qui nous manque et qui ne dépend pas de nous, plutôt que d'être toujours dévoré par la nostalgie ou l'espérance, apprenons plutôt à désirer ce qui ne nous manque pas, c'est-à-dire à aimer, apprenons plutôt à désirer ce qui dépend de nous, c'est-à-dire à vouloir et à agir. Les exercices de sagesse – en particulier dans la tradition cynique, qui m'est si chère – consistent justement à nous apprendre à vouloir. Quand Diogène va enlacer une statue gelée par un froid matin d'hiver, ce n'est pas parce qu'elle lui manque, mais pour se prouver qu'il dépend de lui de surmonter la douleur ou l'extrême inconfort, et qu'en ce sens c'est bien un désir qu'il exerce, ce qu'Aristote appellerait une puissance motrice.

Le désir est l'essence même de l'homme. Mais le plus souvent nous ne savons désirer que ce qui nous manque, autrement dit, pour reprendre des concepts d'allure freudienne, nous sommes dévorés par la nostalgie du bon objet, de la bonne étoile, comme nous pousserait à dire l'étymologie que vous évoquiez en commençant, mais nous savons bien qu'il s'agit moins d'une étoile que d'un sein... Nous avons connu le bon objet, celui qui comblait le manque, et on nous l'a retiré, et il nous manque, si bien que nous ne cessons, durant toute notre vie adulte, de courir après un sein perdu ! C'est une course qui est vouée à l'échec, d'abord parce que nous ne retrouverons jamais le sein perdu, ensuite parce que, tant que nous ne savons désirer que ce qui nous manque, si nous trouvons ponctuellement un bon objet qui supprime le manque, dès lors que nous avons cet objet nous ne le désirons plus, puisqu'il ne nous manque plus, et déjà nous nous ennuyons.

À quoi bon courir toujours après un sein, quand le

monde entier est là qui se donne à connaître, à aimer, à transformer ? Le bon objet manquera toujours, le monde ne manque jamais. Convertir le désir, c'est le convertir au monde, au réel : passer du désir à la considération, pour reprendre là encore l'étymologie que vous évoquiez, ou plutôt, comme je préférerais dire, passer du manque (nostalgie, espérance) à la puissance, autrement dit à l'attention et à l'amour. Considérer vraiment, c'est être attentif ou aimant. Tant que le désir est manque, sa logique ultime c'est de désirer ce qui manque absolument : Dieu, ou ce que Platon appelle le Bien en soi. De même chez Sartre, si l'homme est fondamentalement manque d'être, alors il est de l'essence de l'homme, comme le dit expressément *L'Être et le Néant*, de désirer être Dieu. Si au contraire le désir n'est pas manque, sa logique ultime n'est pas de tendre vers ce qui manque absolument, mais de tendre vers ce qui ne manque jamais, à savoir tout, que l'on peut appeler le monde, la nature, l'être ou le réel...

Convertir le désir, au sens étymologique du terme, c'est-à-dire le retourner – mais pour le remettre à l'endroit ! –, c'est passer du manque (du sein ou de Dieu) à la puissance (de jouir et d'agir). Il s'agit de terminer le sevrage, de grandir enfin, de devenir adulte. La sagesse, d'une certaine manière, n'est pas autre chose qu'un sevrage réussi. D'aucuns voudraient nous faire croire qu'un sevrage réussi consisterait à s'enfoncer dans la résignation. C'est tout le contraire ; c'est une fois que le sevrage est réussi qu'on peut aimer vraiment quelqu'un d'autre.

Dis-moi ton désir, je te dirai qui tu es

PAR STAN ROUGIER[1]

Du désir, comme de la langue et de bien d'autres choses, on peut dire qu'il porte la peste ou le paradis selon l'objet et la manière. L'étymologie est toujours instructive. La racine latine évoque l'étoile (comme « sidéral »). Le *de* privatif désigne son absence. L'étoile a disparu. Il reste la nostalgie, la soif de son retour. Nous faisons ainsi l'expérience « en creux » du prix d'une réalité (la patrie pour l'exilé) ou d'un visage.

Je crois que l'être vivant se définit par la direction et l'intensité de son désir. Pour le Petit Prince, c'est de protéger sa rose. Pour l'aviateur qu'il rencontre au désert, c'est de réparer son avion. Pour l'allumeur de réverbères, ce sont les couchers de soleil. Pour le chacal, c'est le cadavre du zèbre qui sent si fort là-bas. Pour Dieu, c'est chacun de nous : « Par une perle de ton collier tu as fait chavirer mon cœur » (Ct. 5, 9). Dieu n'a que des désirs. Il nous a faits à son image : élan, soif, tension, appel. L'être humain (donc toi et moi) est un gouffre insatiable de désirs et sa grâce réside en ce « tirage ». Augustin le Berbère avait bien résumé la condition humaine : « Seigneur, Tu nous as faits pour Toi et notre cœur est insatisfait jusqu'à ce qu'il repose en Toi. » De désir frustré en désir comblé, nous faisons grandir en nous la faculté de désirer. « Je plains les cœurs comblés », disait Saint-Exupéry. « Moi, quand j'ai envie de quelque chose, je m'aperçois que je l'ai déjà », disait en larmes une adolescente, amère d'être trop gâtée. Le chamois porte-musc de la légende indienne, fou de désir pour un parfum dont il ignore la provenance,

1. Dernier livre paru du prêtre catholique Stan Rougier : *Au commencement était l'amour*, Presses de la Renaissance.

court pendant des mois, bondissant de rocher en rocher, de glacier en glacier ; lorsqu'il s'effondre, mort de fatigue, le musc qu'il porte sur son poitrail se répand sur une pierre.

« Mon âme a soif du Dieu vivant. Quand Le verrai-je visage contre visage ? » dit un psalmiste d'Israël. La plupart des quarante-deux livres du patrimoine juif débordent de désir. Rien à voir avec le pessimisme des blasés ! « Ne te refuse pas le bonheur présent. Ne laisse rien échapper d'un désir légitime », dit Ben Sira. L'union de l'homme et de la femme est magnifiée. « Trouve la joie dans la femme de ta jeunesse... En tout temps que ses seins t'enivrent ! » (Prov. 5,18). Le Cantique des cantiques raconte l'intensité du désir de Dieu envers son peuple... envers chacun. « L'amour est comme le feu. Il ne dit jamais : C'est assez. » « Je t'ai choisi, dit Dieu au prophète Daniel, car tu es un homme de désir. » François d'Assise jeune rêvait de devenir un grand prince. Dans l'ordre de l'amour, il le fut.

Depuis plus de trente ans, je ne cesse d'essayer de comprendre le message de Bouddha. Sa méfiance à l'égard des désirs ressemble parfois à une lobotomie ou à une fuite. Pourtant ses disciples sont nos maîtres en douceur, en tolérance, en compassion, en maîtrise des émotions ! Mystère !

Nos désirs peuvent se trouver en conflit avec le désir des autres. Elle rêve d'une promenade en mer demain et toi tu rêves d'une excursion en montagne. Critère de l'amour : savoir parfois changer de désir.

Écoutons la leçon de la vigne. Si tous ses sarments se développent, il ne lui restera plus assez de sève pour être féconde. Elle est stérile de trop d'élans. Elle veut être taillée, sevrée d'une part de ses désirs, sous peine de simulacre de vie, sous peine de mort. « Tout, tout de suite » est la devise d'Attila. Rien ne repousse sur la trace de son passage. Devant les ravages du désir, certains se croient sages de l'amputer. Et voilà le cep devenu stérile de n'avoir plus aucun sarment !

Faut-il se détacher de tout désir pour connaître le nirvâna ?

ENTRETIEN AVEC ODON VALLET,
MENÉ PAR CATHERINE BARRY

À entendre certains, le bouddhisme prônerait, à la base même de son enseignement, la nécessité de se défaire de tout désir. Les millions de bouddhistes occidentaux n'ont pas l'air de souscrire à ce renoncement. Le philosophe des religions Odon Vallet non plus [1].

Catherine Barry : *Quelle est la place du désir dans le bouddhisme ?*

Odon Vallet : Vers le VIe siècle avant J.-C., en Asie, à l'est et à l'ouest de l'Indus, naît l'idée d'une vie après la mort. Idée déjà esquissée par les Égyptiens, mais qui ne se développe réellement qu'à partir de cette époque. À l'ouest de l'Indus, il est question d'un paradis. Les Iraniens le nomment *pardèz*, les Grecs *paradeis*, les Hébreux et les chrétiens « paradis biblique », et ce terme devient « jardins d'Allah » dans l'islam. À l'est de l'Indus, il est question d'une spirale, ascendante ou descendante, des réincarnations. Ces renaissances sont commandées par *kâma*, le désir, les différentes formes

1. À lire d'Odon Vallet, *Jésus et Bouddha*, Albin Michel.

de désir. Le désir sexuel permettant de se prolonger sur terre par ses enfants et, dans une autre vie, par le cycle des renaissances.

Deux grands penseurs marquent cette époque, les fondateurs du jaïnisme et du bouddhisme. Ces deux sages disent : « L'existence est faite de souffrance (*dukkha*). » Pour mettre un terme à ces souffrances, il faut arrêter les renaissances. Le désir faisant naître les renaissances, il est donc nécessaire de supprimer ce désir. Alors pourra être réalisé le nirvâna, l'extinction des émotions, des souffrances. Ainsi, le désir qui était un facteur positif dans l'hindouisme, symbolisant l'énergie vitale, sexuelle, créatrice, l'*éros* des Grecs, synonyme de vie, d'éternelle jeunesse, de libido..., devient un élément négatif dans le bouddhisme primitif.

Le dalaï-lama dit cependant que l'on trouve deux formes de désir : un désir négatif qui génère les émotions « perturbatrices » et un désir positif qui permet à l'être humain de choisir de se libérer du samsâra, *de réaliser l'éveil et d'aider les autres à réaliser, également, cet éveil !*

À l'origine, le Bouddha prêchait à des moines. Pour lui, *kâma* produit la souffrance. Il n'était donc pas question d'un désir positif. Dans ce contexte, détruire le désir, c'est supprimer la souffrance, quitte à supprimer l'humanité, car sans désir, notamment sexuel, il n'y a plus d'enfants, donc plus de renaissances.

Cinq siècles plus tard, Jean-Baptiste puis Jésus diront la même chose. La notion d'un désir positif ne s'est développée que bien plus tard, avec le mahâyâna et le vajrayâna, à partir du moment où est introduit un idéal essentiel à ces deux écoles, l'idéal du *bodhisattva* qui, bien qu'éveillé, se réincarne par altruisme. La motivation qui préside au désir va donc, ensuite, déterminer la « qualité » du désir en jeu.

Pourquoi cette équation « épanouissement du désir sexuel = impossibilité d'une évolution spirituelle pour l'être humain » ? Association que l'on retrouve sur tous les continents et quelles que soient les époques ?

À l'époque de Jésus et de Jean-Baptiste, on était persuadé que l'apocalypse était imminente et qu'il fallait donc se préparer à quitter ce monde. D'où la nécessité de cesser tout désir à se reproduire, à enfanter, à posséder. Ascétisme. Pauvreté. Chasteté. La vie, l'existence, était perçue comme quelque chose de négatif. Le Bouddha prêchait le dépassement de cette vie de malheurs et la cessation des existences. Un seul moyen pour y parvenir : faire cesser le désir.

D'où son enseignement sur les quatre Nobles Vérités !

En effet. Tout est souffrance, certes, d'après la première Noble Vérité, mais il n'y a là aucun fatalisme, puisque le Bouddha enseigne également le moyen de mettre un terme à cette souffrance, en arrêtant le désir, ainsi que la « soif », la convoitise. C'est la troisième Noble Vérité. Le but étant exprimé dans la quatrième Noble Vérité : réaliser la Voie, l'éveil, la fin des existences. À l'époque, le monde du désir est considéré comme le plus bas des mondes. C'est pourquoi il est question d'autres mondes. Celui de Râpaloka par exemple, dans lequel on trouve un corps sans désir. Ou bien encore, au-delà de ce dernier, celui d'Arpaloka, dans lequel il y a une vie purement spirituelle, détachée de tout, sans corps ni désir bien sûr.

Le corps génère le désir qui lui-même induit le cycle des existences. Le corps est donc, indirectement, la source de tous nos maux.

Le corps conduit à la souffrance, à l'appétit des biens matériels, de l'argent, du sexe, de la beauté, de la gloire.

Le corps est pourtant nécessaire pour évoluer puisque, notamment dans le Vajrayâna, il est dit : « L'existence humaine est le bien le plus précieux pour réaliser l'éveil. » Elle est même la condition, nécessaire et indispensable, pour réaliser cet éveil.

Toute existence, qu'il s'agisse d'humains ou d'animaux, est capable de progresser vers la non-existence. D'où le principe de non-violence et l'importance de respecter toute vie et, pour certains bouddhistes, d'être végétarien. Le désir est alors remplacé par *karunâ*, la compassion. On ne désire plus pour soi. On porte attention aux autres. On souhaite soulager leur souffrance et leur montrer, si possible, le chemin qui leur donnera les moyens de se libérer de celle-ci. Une juste motivation transforme la notion négative du désir en une énergie positive, entièrement tournée vers les autres. Cette nouvelle forme de désir permet également d'impliquer, directement, les laïcs dans la pratique du bouddhisme. C'est le mahâyâna. Le bouddhisme s'ouvre ainsi à l'ensemble de la société. D'un côté, on trouve les moines et les moniales qui « travaillent » sur le dépassement du désir. De l'autre, les laïcs, qui peuvent apprendre, d'une certaine manière, à « canaliser » ce désir, sans le nier pour autant, puisqu'il est nécessaire au maintien d'une société, elle-même indispensable au soutien des communautés monastiques.

Le mahâyâna est donc plus proche de la realité ?

Le passage du hinâyâna au mahâyâna a permis de passer de l'idéal du saint, de l'*Arhat*, du parfait, difficile à réaliser – aussi bien par les moines que par les laïcs – à celui du *bodhisattva*, idéal applicable par tous. Ce passage n'ayant été possible que grâce à une nouvelle interprétation plus souple du désir. Dans le mahâyâna, grâce à l'intercession des *bodhisattvas*, la faute, le « démérite », le mauvais karma ne sont plus irrémédiables. Il devient possible de les annuler. Un désir, une convoitise, une passion peuvent être effacés par les *bodhisattvas*. Le mahâyâna, un peu comme saint Augustin qui aurait dit : « Aime et fais ce que tu veux », a considéré que l'acte dit « négatif » n'est pas un drame métaphysique et qu'il y a possibilité de « rédemption », de bonnes renaissances, malgré le désir. Cela dit, le hinâyâna d'aujourd'hui est plus ouvert qu'autrefois à ce que représente cette notion du désir.

Le tantrisme va plus loin : il utilise le désir pour parvenir à l'éveil. Dans cette tradition, les émotions liées au désir ne sont pas rejetées, mais constituent le matériau indispensable à la transformation intérieure.

Une fois encore, en Inde, le désir, *kâma*, est positif. D'où le *Kâma sûtra*, qui valorise le désir sexuel en l'utilisant et en le canalisant. De même pour ce qui concerne le plaisir lié au sexe. *Kâma* est assimilé à Agni, le dieu du Feu, le désir étant le feu de la passion. Une phrase de Montherlant, dans la pièce *La ville dont le roi est un enfant*, exprime parfaitement ce qu'est le désir, passion dévorante, selon le bouddhisme originel : le père supérieur dénonce l'amour d'un très jeune garçon, en parlant de « ce feu qui brûle mais n'éclaire pas ».

À l'inverse, pour l'hindouisme, le feu de la passion est positif. Or n'oublions pas que le tantrisme est né de l'hindouisme. Le tantrisme considère que le désir, sous toutes ses formes, s'apprivoise. On « s'inocule » le désir, le « mal », un peu comme on le fait avec les vaccins. Lorsque l'on vaccine une personne, on lui injecte un microbe modifié, donc inactif, qui induit des réactions immunitaires spécifiques. Concernant le désir, on applique le même principe. Il n'est pas question de nier l'existence des désirs. On les expérimente, sous certaines formes. Cette expérimentation nécessite de passer par des initiations, par un maître, guide indispensable sur cette voie qui se révèle dangereuse si elle est mal comprise ou mal pratiquée. Le disciple est mis en contact avec le désir, de manière à ne pas le subir et à ne pas être pris au dépourvu lorsqu'il se présente.

Le désir induit donc une connaissance, une voie à part entière ?

Il s'agit d'une discipline et d'une connaissance de soi et des limites du désir.

Connaissance des énergies et de la *Shakti*, qui est l'énergie féminine, fondamentale et primordiale. On retrouve là le « travail » du yoga sur la *kundalinî*, cette énergie sexuelle, lovée à la base de la colonne vertébrale, qui se transforme en énergie spirituelle lorsque les chakras, ces centres de concentration de l'énergie (six au total), sont activés et mobilisés en vue d'une transformation intérieure. Travail qui débute au chakra inférieur, situé au niveau du périnée, et qui s'achève au chakra supérieur, au sommet de la tête.

Par cette prise de conscience des mécanismes du corps, on va pouvoir maîtriser le désir. C'est le contrôle de soi qui permet de ne pas être esclave d'un plaisir libéré qui viendrait, de fait, tout arrêter.

Comment s'articule la relation entre énergie sexuelle et énergie spirituelle ?

Le tantrisme est la recherche du « septième ciel ». Amours érotique et mystique fusionnent. Il n'y a pas de séparation.

D'où les tantras, qui représentent des déités enlacées et qui expriment l'union des contraires ?

C'est l'union de la sagesse et de la compassion. De la connaissance et de la sagesse. Des moyens et de la méthode. Du corps et de l'esprit. Du yin et du yang de la tradition chinoise. Mais il ne faut pas oublier, dans cette approche, que le maître, l'école, le cadre, la transmission, le secret sont incontournables. Nous sommes dans une tradition ésotérique.

Cela suppose donc également qu'il y ait une patience, une initiation et un apprentissage progressifs. De sorte que ces pratiques, cette connaissance, ne sont pas destinées au plus grand nombre. On trouve deux formes de tantrisme : celui de la « main gauche » qui pratique des unions sexuelles ; celui de la « main droite » qui ne fait que les symboliser. Mais compte tenu des risques de dérapages lors de la pratique du tantrisme de la « main gauche », il est évident que cette union de la déité et de la sexualité peut être dangereuse.

Ce qui explique qu'en Inde le tantrisme n'ait jamais concerné plus de 2 % de la population. Sous ces réserves-là (une voie faite pour initiés et qui peut être dangereuse), il est indéniable que ces deux formes de tantrisme remontent à une tradition indienne authentique qui a, d'ores et déjà, entre quinze et vingt siècles d'existence.

Dans le tantrisme, il est question de travailler sur les différentes formes de l'éveil, à travers les différentes représentations des déités, notamment enlacées.

Le tantrisme peut effectivement éveiller les humains en leur donnant la possibilité de voir, d'expérimenter, de vivre ce qui est caché. Révéler les parties intimes du corps. Révéler des doctrines cachées. Par ailleurs, le tantrisme peut conduire à l'éveil en levant des inhibitions. La différence avec le bouddhisme historique est la suivante : le Bouddha parvient à l'illumination intérieure en étant le premier homme à découvrir le chemin de la non-existence. L'adepte du tantrisme, quant à lui, parvient à l'illumination en levant les inhibitions qui masquent les réalités intimes de la vie – en couple et en société.

Le tantrisme représente toujours le couple dans sa réalité, homme-femme. Le désir homosexuel n'y a-t-il pas de place ?

Cela constitue un vaste problème. Le dalaï-lama a dit qu'il n'avait rien contre l'homosexualité, sauf lorsqu'elle concerne les Tibétains, car il s'agit d'une population menacée, pour laquelle procréer demeure une condition de survie. À l'époque du Bouddha, on ne trouve pas de tradition homosexuelle affichée, comme ce fut le cas en Grèce. Cette question n'était donc pas posée. Pourtant, cette homosexualité était pratiquée, y compris dans les monastères. Pratique que l'on retrouve, en réalité, dans toute tradition monastique. Le désir homosexuel en lui-même a quelque chose de subversif par rapport à un ordre ou à une majorité hétérosexuelle. Ce qui explique que, de tous temps et dans toutes les traditions, les autorités religieuses ont toujours été réservées sur ce sujet.

L'homosexualité pose le problème de la différence sexuelle et de l'amour de soi. L'autre devient-il un reflet de notre ego ?

La tradition tantrique s'appuie sur l'opposition entre énergie masculine et énergie féminine. L'union est l'union des contraires. Reste que l'on a du féminin dans l'homme et inversement. Reste que si le Bouddha vivait, actuellement, son enseignement serait certainement différent. Qu'il s'agisse du Bouddha ou de Jésus, leurs enseignements sont inséparables des conditions de lieu et d'époque. Aujourd'hui, dans le bouddhisme, toutes écoles confondues, le désir n'est plus considéré comme mauvais en soi, comme ce fut le cas du temps du Bouddha historique. Il s'agit plutôt de l'aborder comme un sentiment dont il ne faudrait pas devenir esclave. Nous devons apprendre à nous détacher du désir, pour éviter la dépendance au désir lui-même et à sa réalisation : le plaisir. Il s'agit donc d'apprivoiser le désir, d'en maîtriser les effets.

Le tantrisme, lui, cultive surtout la non-peur du corps.

Il révèle la nudité du corps, du sexe. Et, ce faisant, il est égalitaire. Le tantrisme hindouiste refuse notamment les castes, les discriminations hommes/femmes, car la sexualité, le désir font de nous des êtres égaux.

Hors du sexe, quelles autres formes de désir conduisent à des attachements préoccupants ?

La concupiscence de l'avoir et du savoir. Pour le Bouddha, il ne sert à rien de spéculer sur des questions métaphysiques. Le désir de cette connaissance-là est stérile. L'important est la vie, ici et maintenant.

Quelle relation entre désir, temps et illusion ?

Le désir génère l'illusion et nous conduit à vivre dans un temps qui n'est pas celui du moment présent, nous arrachant à la « vraie » vie. Le désir est un investissement. Il est une préférence pour l'avenir. Dans le mahâyâna il est cependant question de l'idéal de *bodhisattva*, donc d'un désir réalisable dans un temps futur.

Le désir d'infini

PAR EMMANUEL-JUST DUITS [1]

Lorsqu'on a faim, ou qu'on éprouve un désir sexuel, il y a nécessairement un objet correspondant : le désir n'est que le signe en nous du manque d'un objet réel. Un mystique considérera que le manque essentiel de l'Homme prouve, en creux, l'existence de l'Absolu. Cette conclusion est-elle légitime ?

La psychanalyse freudienne reconnaît, elle aussi, l'incomplétude humaine. Elle l'explique sans recourir à Dieu, par la ressouvenance de l'état fœtal. Est-ce bien cet état fusionnel après lequel nous soupirons – et que nous trouvons parfois ?

Une personne amoureuse peut vivre des moments de dépersonnalisation, elle ressent presque directement ce qu'éprouve son objet d'amour, elle ne sait plus ce qu'elle pense ni qui elle est, etc. Apparemment, l'amour, souvent vécu dans la souffrance, est recherché parce qu'il permet la fusion. Quant au militant fanatisé, il ressent de l'extase à contempler le visage du Grand Timonier ou d'Adolf Hitler ! Son identification au groupe n'est qu'un dérivé lointain et une conséquence mille fois constatée de cette aspiration humaine régressive. Toute la question est de savoir quelle est la caractéristique fondamentale de cette aspiration essentielle de l'homme. Désirons-nous une fusion indistincte, simple retour à l'existence indifférenciée ?

L'état dépressif, la perte de son individualité dans les drogues relèvent d'un désir régressif et justifient une telle interprétation. Lacan a même parlé de la « jouissance » du psychotique pour décrire la passivité morbide... Mais ces cas pathologiques diffèrent des cas spirituels.

---

1. À lire d'Emmanuel-Just Duits, *L'Autre Désir. Du sadomasochisme à l'amour courtois*, éd. de la Musardine.

On ne peut pas réduire le stade mystique à un retour vers du moins d'être. Les grands spirituels n'atrophient pas leurs possibilités ; leurs expériences suggèrent un saut évolutif de la conscience. Sri Aurobindo voit dans la spiritualité un pas supplémentaire de l'évolution. Réduire la quête humaine fondamentale à la nostalgie d'un état de conscience crépusculaire et fusionnel semble peu crédible. Affirmons plutôt que c'est le « désir d'éternité » – et de surconscience – qui constitue l'essence du désir. La profonde nostalgie humaine de l'Absolu constitue un indice en faveur de Dieu et de l'au-delà. Déjà, Platon et les gnostiques utilisaient le sentiment d'être étranger sur la Terre comme point d'appui pour démontrer l'existence du monde parfait d'où chaque âme serait « tombée ».

Ainsi, Dieu existe « en creux », par son absence même. « Tu ne me chercherais pas si tu ne m'avais déjà trouvé. » Comment pourrait-on rejoindre cet appel de l'infini ?

De Platon aux troubadours, une grande tradition tente de réconcilier le désir sensuel et la spiritualité. En quelques étapes, l'amant passe insensiblement de la contemplation des beaux corps à la perception des traces du divin dans le monde. On n'aime pas une personne pour sa beauté ou ses qualités passagères. Ce qu'on aime dépasse les attributs définis, il s'agit de la singularité d'un être, ce qui échappe à toute définition réductrice. Ce n'est ni le corps, ni la pensée, ni même le plaisir donné et reçu. Il y a un profond mystère : « Parce que c'était lui, parce que c'était moi. » Mais quel est le phénomène caché à l'intérieur de la formule ?

Lorsqu'on contemple le regard de quelqu'un jusqu'à oublier le temps, un gouffre étrange s'ouvre. Nous touchons à ce qui est le plus intime de l'autre et qui pourtant ne dépend pas de lui. Nous aimons l'Être, cette présence à soi-même qui fait le fond d'une personne.

La Déesse sauvage

ENTRETIEN AVEC JOËLLE DE GRAVELAINE,
MENÉ PAR KARINE LOU MATIGNON

« L'homme et la femme sont différents », nous dit Joëlle de Gravelaine, « leurs extases ne sont pas les mêmes. » Plutôt que d'en déduire une sorte d'incommunicabilité féministe, elle[1] nous raconte l'origine sacrée de l'extase des femmes, persuadée que cela peut aider à l'illumination des hommes.

Karine Lou Matignon : *En 1985, après quarante ans de route, pour jeter une première synthèse entre vos domaines de prédilection, où s'articulent symbolique, poésie, mythe, psychologie des profondeurs, vous avez fait de Lilith – fidèle servante du Créateur – votre sujet d'étude, en publiant un ouvrage astrologique et mythologique sous le titre* Le Retour de Lilith : la lune noire[2]. *À travers les ambiguïtés du désir et de la rébellion de la première compagne d'Adam (avant Ève !), vous vous attaquiez à un moment passionnant de l'inconscient collectif : celui où, notamment par la Bible interposée, le*

1. Joëlle de Gravelaine, hélas disparue depuis cet entretien, était astrologue, mais elle fut surtout connue pour son travail d'éditrice. C'est notamment elle qui fonda les collections « Réponses », chez Robert Laffont.

2. L'Espace bleu.

nouvel ordre patriarcal décide d'enfermer la sauvagerie du désir féminin en enfer. Aujourd'hui, en 1994, vous bouclez votre plaidoyer sur la nature du féminin avec La Déesse sauvage [1], *où vous racontez que la Terre est à l'image de la Mère et vice versa. Terre-mère,* Magna Mater, *donneuse de vie et de mort, maîtresse des arbres et des bêtes sauvages, à la fois primitive, subtile, spirituelle, androgyne, louve, serpent, truie et jument... Vous dénoncez l'attitude malhonnête des Grecs à l'endroit des déesses – d'Ishtar à Athéna en passant par Isis, Déméter, Ereshkigal –, leur propension obstinée à les réduire à l'état d'ogresses sataniques et de mères destructrices, vidées de tout appel à la vie et à la résurrection. Position misogyne récupérée et entretenue plus tard par la tradition judéo-chrétienne. Résultat : encore nombreux sont ceux que le désir sauvage, la jouissance, l'instinct de la femme archétypale embarrassent considérablement. Ils contestent donc la légitimité de la Déesse des origines et, ce faisant, nient tout bonnement le rôle de la femme dans le monde. En fait, votre* Déesse sauvage *ressemble à un véritable manifeste !*

Joëlle de Gravelaine : Mes intentions étaient très claires. Dans tous les récits de la création du monde, il y a un présupposé bien installé qui consiste à remarquer que les hommes — le masculin — se sont emparés du ciel avec les eaux d'en haut contre les eaux d'en bas, qui seraient féminines. Pourquoi pas ? Ce qui me gêne, c'est qu'ils soient arrivés à convaincre tout le monde depuis des millénaires que le ciel est « supérieur » à la terre. J'ai donc un peu poussé les choses dans la direc-

1. *La Déesse sauvage : les divinités féminines, mères et prostituées, magiciennes et initiatrices*, Dangles.

tion de l'empathie en disant qu'on vivait dans un monde où on avait survalorisé l'Esprit, le masculin, l'intellect, au détriment de l'âme, du sensible et qu'on était tous en train d'en crever. Quand je défends ma « déesse sauvage », je défends donc tout simplement un féminin primitif, authentique, fécond, vivant.

Des guerrières amoureuses capables d'assumer une dimension spirituelle, il en existe ?

J'adore l'histoire de la Loba Huesera, dite « la louve » ou « la femme aux os ». Son travail consiste à ramasser des os dans le désert, en particulier des os de loup. Dès qu'elle a réuni tous les os d'un squelette, elle se met à chanter si fort que la terre tremble. Alors, peu à peu, le loup se reconstitue. Il se dresse, court vers le canyon et, frappé par un éclat de lune, se transforme en femme qui rit, libre et heureuse. Voilà comment, moi, je vois cette espèce de connexion toute directe avec les puissances de la terre, du chant, du rythme, et tout ça débouche sur une résurrection gaie, qui se passe par le truchement d'un animal formidable : le loup.

N'y avait-il pas déjà dans le féminisme une tentative immature d'utiliser le masque de Kali ?

Kali n'a rien à voir avec le féminisme ! Avec sa grande roue, cette espèce de pressoir de sang, il y a simultanément mort et vie. Dans le féminisme, il y a eu un combat qui visait à exclure l'homme par rage et haine. Ma position est tout sauf une position de haine. Je prends avec humour leurs revendications d'un ciel supposé meilleur que la terre et je revendique la terre parce qu'elle est concrète et qu'elle donne des fruits ;

mais en aucun cas je ne me situe en guerre contre l'homme. Mieux : je défends l'androgynat que l'on retrouve d'ailleurs à travers la déesse mère, le serpent, les jumeaux impairs et créateurs du monde. Ce que je revendique, c'est le droit pour la femme d'exprimer le désir de ce qu'elle a de plus vivant en elle et sans hypocrisie, éventuellement son désir le plus sauvagement sexuel, ou maternel, sans cette espèce de parure de dentelles ridicules dont on l'affuble. De même, je revendique le droit pour l'homme d'assurer sa part de féminité, son *anima*. Le monde tend d'ailleurs vers une certaine forme d'androgynat. C'est ce qui peut sauver le monde. L'androgynat est en effet une façon d'éliminer la peur de l'autre. À partir du moment où l'on commence à savoir ce que ressent l'autre, comment et pourquoi il l'éprouve, on fait tomber des barrières. Ce qui fait peur, c'est la différence – le plus élémentaire des racismes.

Le fait que les pères revendiquent aujourd'hui leur part de responsabilité dans la grossesse et la naissance, avec tout ce que cela implique d'amour et de sensualité, signifie-t-il que l'androgynat est en route ?

Jung disait : « Il faut qu'un vieil homme devienne maternel. » C'est joli et c'est vrai. Pourquoi serions-nous éternellement des êtres coupés en deux, qui n'auraient pas le droit d'avoir en même temps une âme et un esprit, une sensibilité, une violence féminine et masculine ? Les déesses s'amusent beaucoup pour cette raison, en particulier Ishtar, qui est à la fois déesse de l'amour et guerrière. Ça heurte la tradition masculine, au point que certains contestent qu'il puisse exister une déesse incarnant à la fois une violence de guerrière et une passion d'amoureuse. Mais enfin, les femmes sont toutes comme ça ! Pour quelle obscure raison seuls les hommes auraient-ils le droit d'être sauvages – j'entends une sauvagerie au sens de la forêt, non de la barbarie ?

Cela dit, je pense que l'androgynat est un stade dans lequel il ne faut pas rester. Passons par là, mais au bout du compte, restons homme ou femme. Il n'y a rien de plus effroyable qu'une femme entièrement virile qui a oublié sa part de tendresse.

La « déesse sauvage » ne renvoie-t-elle pas à quelque chose d'animal, peut-être à un paradis de perfection animale ?

Qu'est-ce que l'âme ? C'est ce qui permet de chanter, non ? Pour qu'il y ait une âme, il faut de la jubilation. Est-ce qu'il y a chez l'animal ou le végétal de la jubilation ? À l'évidence, oui. N'allons-nous pas un peu trop vite en disant que l'animal n'a pas de conscience réflexive ou pas d'âme ? Dans le jappement d'un chien ou la voluptueuse caresse du chat, il y a de la jubilation. Mais c'est vrai qu'il n'y a sûrement pas d'esprit au sens où le masculin l'entend.

Dans votre livre, vous racontez une expérience qui vous est arrivée dans un temple en Égypte, où vous avez ressenti les contractions d'un accouchement. De telles expériences sont-elles aussi jubilatoires ?

Tout à fait. J'étais partie en voyage sur le Nil. Je me suis retrouvée à visiter Denderah et plus précisément la crypte du temple d'Isis-Hathor. Face à un mur, plongée dans l'obscurité, j'ai ressenti, c'est vrai, de violentes contractions d'accouchement. Je me suis tournée vers un autre mur, yeux clos toujours, et j'ai vu intérieurement les cornes d'Hathor, son disque rouge, avec le sentiment d'être entraînée dans une danse d'électrons. Après ces deux expériences, j'ai appris que sur ces parois figuraient, d'un côté, un texte (en hiéroglyphes) sur la naissance physique, de l'autre, un texte sur la naissance spirituelle. Seules les femmes peuvent vivre ces sensations. Peut-être parce qu'elles sont par définition plus ouvertes, prêtes à accepter de se laisser traverser par des forces, des énergies qui les dépassent.

Le désir essentiel selon Paul Diel

PAR MARTINE CASTELLO

Paul Diel (1893-1972), psychologue et philosophe rebelle, est le plus sensible et le plus mal connu des psychothérapeutes autrichiens d'avant-guerre. Cet autodidacte que la vie n'a jamais ménagé a une étonnante aptitude à la compassion. Il admire Freud mais n'est pas d'accord avec lui. Que la sexualité soit un moteur majeur, certes, mais il faut accorder une importance équivalente à l'imagination, grâce à laquelle nous pouvons désirer et inventer des mondes. Nous pouvons aussi, c'est notre problème, prendre nos désirs pour des réalités et rencontrer le malheur. Très tôt, Diel rédige un ambitieux ouvrage, jamais publié, mais dont Einstein dira en 1935 : « Vous nous proposez une nouvelle conception unifiante du sens de la vie. Elle est un remède à l'instabilité de notre époque sur le plan éthique. » Pour Diel, l'origine du désir remonte à la faculté de nos ancêtres, les organismes primitifs, à réagir au milieu pour satisfaire leurs besoins. Le premier des besoins est de se conserver soi-même ; Diel l'appelle « pulsion matérielle ». Le second est celui de conserver l'espèce : la « pulsion sexuelle ». Le troisième, la « pulsion évolutive », conduit les espèces à se transformer sous la pression du milieu, donnant naissance à de nouvelles formes, psychiques et physiques. Au fil du temps, ces trois pulsions primitives s'élargissent. Chez l'homme, la pulsion matérielle devient sociale, la pulsion sexuelle se fait affective et la pulsion évolutive se transforme en pulsion spirituelle. Cette dernière devient même prédominante et prend la forme de ce que Diel appelle le « désir essentiel », en opposition aux désirs multiples, plus matériels, dictés par les pulsions sociales et affectives.

Pour que nous trouvions l'accomplissement, nos désirs multiples doivent être harmonisés par notre désir essentiel. Sinon, une part de nous ne sera jamais satisfaite.

La force du désir

Mais ce nécessaire travail d'harmonisation autour du désir essentiel nous coûte et nous inventons de fausses raisons de nous y soustraire. Ainsi naissent les défauts, qui sont des déformations de nos qualités. Derrière la vanité, qui est une survalorisation de soi, se cache l'estime de soi ; derrière la culpabilité, qui est une sous-valorisation de soi, se trouve l'humilité ; derrière la sentimentalité, survalorisation des autres, veut s'exprimer la possibilité de les aimer ; derrière l'accusation, sous-valorisation des autres, se camouflent la tolérance et la compassion...

La première condition de l'accomplissement est de connaître notre désir essentiel. Comment faire ? L'originalité de Paul Diel fut de rétablir l'introspection, qu'il appelle « délibération », comme moyen d'accès à la connaissance de soi. Pour éviter les illusions, il propose de placer l'imagination sous le contrôle de deux gardiens : l'esprit intuitif et l'intellect pratique. Le premier, descendant de l'instinct animal, « flaire » ce qui convient à la satisfaction de notre désir ; l'intellect, lui, prend en compte la réalité. S'il y a trop de décalage entre désir et réalité, ou si le prix à payer pour changer le réel est trop fort, le désir doit être dissous par un travail d'acceptation, qui n'est pas résignation, car l'énergie ainsi libérée fait rebondir la vie vers de nouveaux projets.

Les douze mots clés du désir

PAR PATRICE VAN EERSEL

Quels que soient les interlocuteurs, le désir, qui est le plus brûlant des mots, inspire un jaillissement de réflexions. Faut-il se libérer du désir – comme semblent le suggérer les religions, notamment le bouddhisme – ou au contraire le vivre avec un maximum d'intensité – comme le réclame l'hédonisme nouveau ? Mais les mystiques ne sont-ils pas les plus grands désirants ? Voici une grille à douze cases, qui sont autant d'invitations à clarifier ce que vous attendez de la vie. Au fond, que désirons-nous ?

1. Origine

« Au commencement, ni l'être ni le non-être n'existaient. Au commencement. Cela qui était la semence première de la Pensée se mua en Désir. » (Rig-Véda X, 129, 1-4)

Cette première clé fait l'unanimité : le désir est à l'origine de tout, du monde, du vivant, de l'homme, de la société, de l'art... Le philosophe Robert Misrahi en fait notre essence : « Le désir n'est pas une faculté parmi d'autres, c'est la totalité de la conscience ! » À l'inverse, la dépression, qui nous mute en morts vivants, peut se définir comme la disparition du désir, l'évanouissement de la créativité qu'il éveille en nous.

2. Mystère

> « Le mystique reconnaît l'absolu du désir, qui ne peut s'accomplir ni dans des objets ni dans des êtres, et rebondit toujours, comme une attente, vers l'au-delà, mais aussi vers l'autre, mystère sur lequel nous ne mettrons jamais la main. » (Erich Fuchs)

S'il nous fascine tant, parfois jusqu'à l'épuisement, c'est que le désir échappe à toute définition. Il nous meut quotidiennement, et pourtant nous ignorons ce qu'il est ! Conscient de ce formidable mystère au cœur de nous-mêmes, Jacques Salomé tente de l'approcher malgré tout, proposant, pour le décrire, l'idée d'un « mouvement porteur d'élan du meilleur de nous-mêmes vers le meilleur de l'autre ».

3. Manque

> « Le désir épouse le manque, amoureusement, érotiquement – là où le besoin le refuse et où l'envie le hait. » (Sylvie Germain)

C'est la thèse centrale de la plupart des philosophes réfléchissant sur le désir depuis l'Antiquité : nous ne pouvons désirer que ce que nous ne possédons pas, donc désir et manque sont synonymes. Freud en fit son cheval de bataille : éternellement en manque du sein maternel, nous courons après lui comme des fous essayant de rattraper l'horizon. Cette troisième clé ouvre sur une double sagesse : l'acceptation des limites et l'invitation à l'action – l'esprit entreprenant fournit le manque.

4. Joie

> « Par nature, le sujet est Désir et donc mouvement vers l'accomplissement, en fait mouvement vers la joie ! » (Robert Misrahi)

Une ardente minorité de philosophes et de psychologues défend l'idée que le désir-manque signale au fond l'immaturité de ceux que retient le regret du passé ou qu'accroche l'attente du futur. La véritable sagesse serait de vivre pleinement le présent, au-delà de l'espoir et du désespoir, dans une « joie en soi » qui est celle que décrivent aussi bien un philosophe laïque tel que Spinoza (bien présenté dans *L'Être et la Joie*[1]) que les mystiques les plus inspirés (cf. les *Dialogues avec l'ange*[2]).

5. Sacré

> « Nous avons, dans nos langues européennes, deux racines pour désigner le sacré : l'une renvoie au sacrifice – privation fondamentale –, l'autre signifie vitalité, force, évoque le désir de réceptivité, la position féminine d'accueil. » (Julia Kristeva)

1. De Robert Misrahi, Encre marine.
2. De Gitta Mallasz, Aubier.

La force du désir

Longtemps considéré comme diabolique, le désir-péché disparaît des sociétés post-modernes, où il redevient le désir-sacré qu'il fut certainement aux origines de l'humanité. Le psychothérapeute Yann Thibaud suggère qu'une spiritualité du désir ne serait pas un acquis, mais le résultat d'une transformation intérieure qui substituerait au désir grossier un désir subtil, débarrassé de ses scories pathologiques.

6. Jardin

> « Mieux que toute technique, ce qui rend durable le désir érotique, c'est de le cultiver, de lui donner un sens, d'en apercevoir la transcendance. » (Dr Gérard Leleu)

Quotidiennes sont les situations où le désir s'étiole, bégaie et finalement s'éteint. Travail (ou chômage) obnubilant, vie quotidienne harassante, infidélité, naissance mal vécue, peur du sida... De plus en plus de gens sont atteints par un mal inquiétant : plutôt que de se risquer dans des relations complexes, ils renoncent à toute sexualité, la transposant parfois sur le plan virtuel (le porno sur Internet !). La solution est celle du jardinier : le désir se cultive ! Christiane Singer en parle superbement dans *Éloge du mariage, de l'engagement et autres folies*[1].

1. Albin Michel.

7. Réalisation

> « Si vous demeurez en moi et si mes paroles demeurent en vous, demandez ce que vous voudrez, vous l'obtiendrez. » (Évangile selon saint Jean)

Quelle serait la baguette magique grâce à laquelle nous réussirions à transformer nos désirs en réalité ? À lire Jean-Pascal Debailleul dans *Se réaliser par la magie des coïncidences* [1], les contes de fées nous suggèrent de jouer avec des lois mystérieuses, dont la principale nous dit qu'un mélange de présence au monde réel – plus exactement au monde actuel – et de projection dans l'univers des possibles gouverne la transformation des souhaits en faits. La prière vise-t-elle autre chose ?

8. Combat

> « Les femmes comprennent mieux que les hommes que l'on peut érotiser toute sa vie, sans être forcément obligé de satisfaire le désir en l'épuisant. » (Henri Gougaud)

Tous les jours, l'actualité nous rapporte des faits atroces, dont sont victimes notamment des femmes vivant dans des contrées où le puritanisme religieux exerce toujours sa loi d'airain – de la Chine infanticide à l'Afrique mutilante. Si « désir » est devenu un mot culte dans les pays riches, il reste un thème révolutionnaire dans une grande partie du monde. Cela dit, chez nous,

1. Jouvence.

sous des apparences plus légères, Éros est souvent malmené, travesti, tordu, chosifié... Dans ses *Petites Mythologies d'aujourd'hui*[1], Serge Tisseron raconte de quelle façon nous sommes, par exemple, devenus des adorateurs du portable !

9. Menace

« Nous abusons du mot “désir”, comme un individu malheureux abuserait d'un alcool fort. » (Marie de Solemne)

Dans la Bible, dès que l'homme acquiert la liberté, il remet Dieu en cause et réifie son désir en veau d'or. « C'est, dit Jacques Attali dans la revue *Question de*[2], toute l'histoire de l'économie moderne : une machine à réifier l'ordre du désir. » Toute l'économie capitaliste est faite pour transformer le désir d'un être en désir d'un objet. Attali précise : « On occulte ainsi le cœur du désir, qui est de ne pas mourir. Toutes les formes de lutte contre la mort, la machine économique les transforme en désir marchand : j'accumule des objets pour les transmettre à la génération suivante, qui est une manière d'oublier la mort. »

10. Essentiel

« Le désir essentiel, exigence d'harmonie, cherche à rétablir l'intégrité de l'individu menacée par la mul-

1. Aubier.
2. Albin Michel.

tiplication excessive des désirs, qui établit une pseudo-harmonie, maladie de l'esprit... » (Paul Diel)

Bien avant les Américains de la Fondation des sciences noétiques (qui découvrent l'importance de nos « intentions profondes »), le psychologue autrichien Paul Diel avait fait une plongée remarquable dans les souterrains de nos motivations. Pour lui, nos désirs et besoins multiples cachent un « désir essentiel » propre à chacun, qui doit tous les orienter. Avec lui le « Connais-toi toi-même » devient : « Connais tes désirs. »

11. Renoncement

« Le renoncement ne tue pas le désir. Il fait seulement comprendre qu'une certaine forme de dessaisissement de soi est inévitable. » (Ysé Tardan-Masquelier)

Peu de mots ont connu une promotion aussi fulgurante que « désir ». Après des siècles de répression, nous nous sommes guéris d'un puritanisme maladif. Mais le balancier est parti très loin dans l'autre sens. N'abusons-nous pas du mot « désir » et ne faudrait-il pas, plus souvent, renoncer, c'est-à-dire sublimer nos élans ? L'objectif est double : d'une part apprendre à choisir pour devenir plus responsable, d'autre part, comme dit l'écrivain et journaliste Marc Menant, « supprimer les petits désirs pour laisser la place aux grands ».

12. Dépassement

« Même chez le Bouddha il y a du désir ! Tout le monde a des désirs... L'important est de ne pas en devenir esclave. » (Dagpo Rinpoché)

Que l'on écoute les maîtres bouddhistes ou monothéistes, le désir doit finalement être dépassé, ne serait-ce qu'au moment de mourir, quand la question devient de renoncer même à soi-même. Cela dit, on entre ici dans une zone pour le moins inconcevable : à votre avis, la « Claire Lumière » de l'Ultime Réalité peut-elle ou ne peut-elle pas être désirée [1] ?

1. Des réponses intelligentes dans *Bouddhisme et Psychothérapie* de David Brazier, J.-C. Lattès.

Deuxième partie

La spiritualité du sexe

Questionnant les liens profonds entre l'amour, le sexe et la spiritualité, quelle tradition a des réponses simples ? Les âges chamaniques ? C'est ce qu'aiment penser les artistes post-modernes, qui soutiennent qu'avant l'âge de l'écriture, du fer et du patriarcat, la femme et la féminité constituaient le sommet de la culture humaine. Nous nous imaginons volontiers qu'à ces époques lointaines les femmes initièrent les hommes au rire et aux jeux de l'amour (seuls à prendre l'initiative, les mâles seraient restés englués dans des manières strictement animales). Ces rêves nous font du bien. Mais des dizaines de milliers d'années plus tard, la question de l'incarnation de l'amour – de l'amour en son épicentre – reste aussi brûlante et drue que l'énigme de la vie. Il se pourrait donc en effet que vivre et aimer soient synonymes. Il se pourrait qu'à l'heure de mourir nous nous posions la question : « Ai-je vécu ? » et que cela veuille immédiatement dire pour nous, sans la moindre hésitation : « Ai-je aimé ? », et : « Comment ai-je aimé ? », et : « Qui ai-je aimé ? », et : « Ai-je saisi toutes les occasions d'aimer ? », et : « Ai-je réellement aimé l'être (ou les êtres) avec qui je prétendais "faire l'amour" ? »

Chaque grande culture se situe de façon particulière

face à ces questions. Le bouddhisme répond par la pacification. Le judaïsme par la jubilation. Le christianisme par la sublimation... Mais, au-delà des clichés, dans la vraie vie, que les traditions éclairent de leur mieux, et pas toujours de la façon qu'on croit (les chapitres qui suivent nous semblent en être la preuve), la question est d'abord de survivre aux affres de la passion – ou de son absence ! C'est si compliqué d'aimer. Si contradictoire. Si piégeant. Et si merveilleusement inattendu. Avec ce paradoxe insondable : en son cœur se rejoignent la stimulation de l'autre, toujours inconnu, et la tendresse du même, qui se connaît depuis la nuit des temps.

La vraie prière est érotique

UN ENTRETIEN AVEC MÉLODIE MARCQ,
MENÉ PAR PATRICE VAN EERSEL

Comment parler de l'amour aujourd'hui en évitant la pruderie romantique tout comme le cynisme, le voyeurisme, la pornographie ou les déballages témoignant d'une sexualité sans âme ? La jeune comédienne Mélodie Marcq a relevé le défi. Dans un spectacle étonnant à plus d'un titre, elle fait vaciller tous les repères sur l'amour, sur le sexe et sur Dieu.

C'est à une authentique aventure de l'esprit que se livre Mélodie Marcq avec *Victoire d'amour*, pièce de théâtre écrite au retour d'un voyage en Inde qu'elle qualifie elle-même d'initiatique. Tout concourt à surprendre : l'intimité des représentations (données parfois non au théâtre mais à domicile lors de soirées privées), la mise en scène minimaliste de Christophe Bourseiller (« ici, le maître-mot est douceur »), la nudité de l'actrice (qui s'expose en détail), ou encore le fait qu'elle incarne à la fois les deux personnages. *Victoire d'amour* est l'histoire d'une rencontre amoureuse, entre Michel Ballant, hydrographe de quarante-deux ans complètement frustré, englué dans ses vieilles histoires d'enfance cassée, et Cora, jeune femme aux bras ouverts et au cœur généreux. Leur rencontre charnelle permettra à Michel de retrouver sa véritable nature, celle d'un être fait comme nous pour le plaisir, le bonheur et la joie. La transmutation par l'amour ! Le thème n'est pas nouveau, mais sa représentation théâtrale sous une forme aussi crue bouleverse les conventions. Sur scène, la comédienne se met en danger, se donnant corps et âme. « Je ne joue pas au-dessus de la ceinture, à partir de la gorge, comme beaucoup d'acteurs français qui sont coupés de leur corps. Moi, je montre la réalité », dit-elle pour expliquer sa démarche. La nudité de son corps, son sexe offert alors qu'elle prononce le mot « Dieu », l'évocation de la sodomie : cela pourrait choquer s'il n'y avait cet état d'innocence et de grâce qui désarçonne. Emporté par la beauté du texte, l'appel des sens retrouve tout son sens. Le corps devient le véhicule de l'esprit et la frontière est abolie. Même les spectateurs venus méfiants repartent spirituellement rassérénés.

Une prouesse étonnante pour une jeune femme de vingt-sept ans, mais Mélodie Marcq semble écouter depuis toujours une petite musique qui fait rimer naturellement en elle spiritualité et sexualité. Enfant, elle n'avait aucune inhibition, ses jeux ne connaissaient aucun tabou. À ses yeux, le sexe a toujours été naturel et joyeux, comme ce désir de Dieu qu'elle a senti très tôt s'éveiller en elle. Élevée sans religion, elle aspirait à une transcendance, imitait les personnages en prière des vitraux des églises. Elle dévora la *Bhagavâd-Gîtâ* que des colporteurs habiles avaient réussi à vendre à sa mère. Les graines étaient posées, elles germeront sur un terreau artistique. Bac théâtre à 17 ans, cours d'art dramatique, de danse, de chant, participation à de nombreux concours : elle semble programmée pour connaître la carrière d'une brillante comédienne. À 24 ans, elle a déjà joué vingt-cinq spectacles avec la Comédie de

Saint-Étienne, accumulant tournées et contrats, lorsqu'elle décide de donner à sa vie professionnelle une tout autre orientation.

« Je me suis aperçue qu'en tant que comédienne je n'étais qu'une girouette, je portais des flambeaux réversibles à tous les vents, j'accumulais les insatisfactions, je devenais un être négatif qui n'était plus utile au monde alors que moi, je voulais être un canal pour le divin. »

Cette exigence va la conduire à interrompre sa carrière et à entamer une quête. Elle lit les philosophes, qu'elle trouve trop « cérébraux ». La pratique de zazen l'entraîne « très loin dans des états modifiés de conscience ». Et l'Inde l'attire énormément. Elle part avec le secret désir d'y trouver sa voie, y rencontre des gourous, « des saints vivants qui incarnent la perfection de ce à quoi on est destiné, dit-elle. On a l'impression que chaque cellule de leur corps irradie, ils sont dans un état de joie permanent, un état que, pour la plupart, nous ne connaissons que momentanément, durant l'extase amoureuse ».

De retour en France, le désir d'écrire *Victoire d'amour* s'impose comme une évidence, « premier pas d'une recherche qui porte sur la sexualité, la chair, l'organique et la façon dont l'organique joue sur une vie de citoyen et sur le collectif ». Il s'agit de montrer combien l'état amoureux, rencontre physique autant que spirituelle, « n'efface en rien l'altérité de l'autre ». « On est en présence d'un signe, comme dit Baudrillard à propos de la vérité : quand on pense avoir déchiré ou soulevé l'ultime voile, on se retrouve en face d'un mystère définitif et toujours mouvant. » Et si elle a choisi de se mettre en scène dans la peau d'un homme de quarante ans, ce n'est pas seulement parce qu'elle a beaucoup côtoyé des hommes de cet âge, mais surtout parce que, dit-elle, « ils sont en état de changement, ils révèlent que l'on reste les enfants que l'on a été et qu'on s'arrange avec une vie d'adulte ». Par l'amour, Michel se découvre, dans une chevauchée des sens au cours de laquelle Cora lui insuffle un peu de divin. « Quand tu n'auras plus peur de ce qui peut sortir de toi, tu sauras aimer vraiment », lui dit-elle, poussant jusqu'aux limites l'exploration de l'intimité masculine. Car dans l'amour les pistes de l'ego se brouillent et, en jouant les deux personnages, Mélodie Marcq entretient l'ambiguïté et l'applique aux corps et aux sexes. On ne sait plus si Michel devient femme ou si Mélodie est la perfection faite homme. L'amant et l'aimé, le miroir et l'œil. Toujours la même histoire des deux parties qui n'en font qu'une, tout en restant différentes.

Martine Castello et Sylvain Michelet

Patrice Van Eersel : *Quel rapport entre vos différentes partitions : artistique, intellectuelle, spirituelle ? Vous tentez vraiment le grand écart !*

Mélodie Marcq : Chaque fois que j'ai rencontré une pratique spirituelle qui me correspondait (zazen, yoga, prière du cœur...), avant d'essayer moi-même, je suis d'abord allée chercher ce qui avait été écrit dessus (finalement, c'est le yoga que j'ai adopté ou qui m'a adoptée). J'ai énormément lu. Mais lorsqu'on étudie beaucoup sur le plan intellectuel, on en vient toujours, je trouve, à la nécessité de la prière. C'est comme un aller-retour. J'ai par exemple lu des gens comme

Deleuze, ou Baudrillard, qui font des constats très intelligents, mais très froids, très analytiques, et on se demande, à la fin, s'ils sont aptes à l'existence, au quotidien. Il y a une limite de l'appréhension du vivant dans ces pensées-là et dans ces démonstrations. Toute démonstration est forcément limitée... Et c'est étonnant comme le travail sur la connaissance « sérieuse », la connaissance mondaine des soi-disant agitateurs de l'esprit, me renvoie personnellement à la nécessité du divin. C'est même plus qu'une nécessité, c'est une réalité... Or, pour moi, la vraie prière est érotique. Bien sûr, c'est plus ou moins vrai – comme dans l'amour, après tout : il y a des parties de jambes en l'air plus érotiques et d'autres moins. Eh bien, c'est pareil pour la prière.

Je l'ai particulièrement ressenti en Inde. J'étais allée rendre visite au premier maître de mon maître de yoga. Dans une petite maison, il y avait un lingam, installé là depuis des lustres, qu'un étonnant Indien, à la fois jeune et vieux, tout maigre, était en train de nettoyer. J'étais avec un ami. Quand le gardien du lingam nous a vus, il nous a fait comprendre qu'il nous laisserait seuls dans ce petit temple pendant deux heures. C'était un privilège que nous ne mesurions pas – plus tard, j'ai appris que cette petite maison était ordinairement fermée et que personne ne pouvait y entrer (personne n'a d'ailleurs pu me dire qui était ce gardien !). Nous, innocemment, nous sommes restés là et, de façon très spontanée, nous nous sommes mis à marcher autour du lingam. Et tout d'un coup, je me suis sentie traversée par une énergie incroyable, une énergie sexuelle et vitale, qui traversait tout mon corps, de haut en bas et de bas en haut, dans un aller-retour incroyable, avec des visions très étonnantes. À partir de ce jour, des tas de questionnements, de problèmes que je traînais, ont été définitivement résolus, dissous, comme si un voile s'était déchiré. Que s'était-il passé ? Une chose est sûre : quelque chose d'essentiel s'était *incarné*.

C'est-à-dire ?

Je trouve très important de faire la distinction entre incarnation et manifestation. Dans l'incarnation, tout se passe comme si la totalité du divin se déposait réellement à l'intérieur d'un être, ou d'une situation, ou d'une expérience. Alors que dans la manifestation, on dirait plutôt qu'un coin du voile se lève pour montrer la voie vers le divin, mais le chemin lui-même reste à parcourir. La « manifestation » peut être un corps aimé, ou une fleur, ou une montagne, mais sa présence a pour seul but de nous faciliter le chemin vers la compréhension du divin. C'est plutôt un signe de l'existence du divin, que le divin lui-même.

L'incarnation, elle, qui est une spécificité forte du christianisme, a un revers : cette sorte de passivité des fidèles qui attendent le jugement dernier sans chercher à travailler sur eux-mêmes. Leur foi a quelque chose de puéril, comme si l'on pouvait se dispenser d'un vrai travail intérieur pour accéder au divin. Cela dit, dans mon expérience de comédienne, l'incarnation est une notion très importante. Par exemple il m'était essentiel de rencontrer un maître vivant ; pas un prof de yoga, non, un vrai maître dont je ne puisse avoir la moindre idée à l'avance. Quand vous vous trouvez en face d'un tel être – pour moi, ce fut une sainte hindoue –, vous avez l'impression que chacune de vos cellules irradie et vous vous dites que s'il y a une perfection humaine, c'est celle-là, et ça vous donne une formidable poussée d'enthousiasme, d'optimisme, de ferveur, de croyance en l'humain. Et ça passe par la peau, par le sensitif...

Maintenant, si je cherche à me figurer la manifestation, je pense à la femme voilée de l'islam. Pour moi, ce n'est pas forcément le signe d'une oppression, mais aussi une métaphore destinée à nous rappeler que l'amour comporte une dimension secrète, profondément intime, comme une religion intérieure dont on ne peut faire l'économie. La femme voilée symbolise l'amour le plus profond parce que ce n'est qu'une fois rentrée chez elle, dans les bras de son homme, quand elle n'est plus épouse pour le monde, ni mère pour ses enfants, mais simplement amante, que le voile peut être totalement relevé, les vêtements ôtés, la chevelure libérée. C'est une métaphore très belle – ce qu'en fait la charia musulmane est une autre histoire ! Au départ, je pense que, sans excès, il pouvait y avoir un plaisir fou, chez une femme, à se voiler à l'extérieur et à se dévoiler à l'intérieur. Mais aujourd'hui, il faudrait adapter ça aux temps nouveaux. Une nation ne peut exister en dehors de l'évolution du reste du monde...

Bref, avec le voile, nous sommes dans la manifestation, pas dans l'incarnation. Pour faire la différence entre les deux, j'aime bien aussi l'explication de Jean Biès : si l'on se regarde dans un miroir, la notion de manifestation rappelle que le miroir n'est en rien l'image reflétée, alors que la notion d'incarnation affirme que « le sujet + le miroir + son image » sont la totalité du divin. Dire « j'incarne le divin » ou « je suis une manifestation du divin » sont deux voies possibles pour atteindre la même chose – les épousailles de l'amant et de l'aimé – mais par des voies différentes. Certes, l'intellectuel va se désespérer : derrière la manifestation, l'ultime réalité se dérobera toujours. Le poète, lui, va trouver que ce mystère définitif nous fait grandir, nous met en mouvement, crée la dynamique, donne un sens à l'existence. Finalement, peut-être ne vit-on pas pour s'approprier le mystère, pour ouvrir les yeux sur lui, mais tout simplement pour s'unir à lui sans exiger de le connaître tout à fait.

Votre spectacle nu dénote, au milieu de la pornographie. Quel rapport voyez-vous entre celle-ci et la violence générale ?

Toutes les périodes de dictature et de guerre ont des racines sexuelles. Qu'est-ce qui blesse le plus un être ? C'est qu'on touche à son corps, donc à son sexe. Récemment, la revue *Simulacre* s'est demandé ce qu'était l'obscénité. Réponse : ce serait quelque chose qui blesse la vision. Quelle vision ? J'ai regardé plusieurs fois *Les 120 jours de Sodome* et je me suis dit que ça amenait dans la tête des images sombres, des questionnements destructeurs. Ce n'est pas vrai qu'on a toujours la distance vis-à-vis des images qu'on absorbe. Je crois qu'il faut faire un sérieux tri entre les images qu'on choisit de fréquenter, dans ce qu'on veut voir, lire, regarder, entendre... comme entre les êtres qu'on choisit d'accompagner. Je ne suis pas désespérée comme Guy Debord, mais quand je regarde *Les 120 jours de Sodome*, ou *Caligula* je me dis : « Non, ce n'est pas possible, je vais choisir de ne plus voir ça ! » Certes, ça peut exciter en nous des fantasmes sexuels incroyables. Je suis depuis toujours dévorée par un appétit sexuel intense. Mais je trouve que cela doit se vivre dans une forme infiniment plus ambivalente. Le cinéma obscène est trop unilatéral. À l'inverse, il est vital de se nourrir de visions d'apaisement, d'ouverture, de beauté, plutôt que de passion meurtrière et de déchirure. Nous sommes tous des êtres déchirés, blessés, à quoi bon valoriser ça ? En réalité, il faut plus de courage pour aller du côté de la constance, de la respiration, de la quiétude que de la violence à tous les niveaux.

Et puis, bien sûr, il y a la voie de l'abstinence. René Rémond dit que, pour un croyant, les étapes les plus intéressantes sont celles de la sécheresse !

Éloge de l'extase

PAR CATHERINE PRELJOCAJ[1]

D'origine albanaise, éduquée dans un pensionnat de jeunes filles, j'ai grandi avec l'idée que le sexe ne répondait qu'au souci de procréer. En dehors de cette fonction vitale, l'affaire semblait sale, vulgaire, voire bestiale. Et les religieuses, tout comme mes parents, exigeant des jeunes femmes qu'elles réservent cette « saleté » à leurs futurs maris, je garde de mon adolescence le souvenir de premiers émois sensuels gâchés par le sentiment d'avoir répondu à un plaisir malsain.

Plus tard, rebelle, j'ai prétendu vivre ma sexualité de la manière la plus saine qui soit à mes yeux. J'ai accédé au plaisir, à l'orgasme même. Mais, je l'avoue, je me suis chaque fois heurtée au mur érigé par la société entre le plaisir charnel et l'élévation de l'esprit. Au fil des années et des expériences, le malaise s'est estompé... sans que je parvienne pourtant à me sentir totalement libre de ces jugements archaïques.

À l'époque, ma quête spirituelle se résumait à un chemin vers Dieu simple et pratique. Je me contentais de respecter les Dix Commandements, de cultiver ma foi, de travailler à être généreuse et authentique avec les autres, tout en limitant le nombre de mes péchés. Le déclic s'est produit quand j'ai cru comprendre que le seul péché aux yeux de Dieu, en tout cas le plus grave pour Lui, était peut-être la non-reconnaissance de son existence. Là, un mur s'est brutalement dissous dans ma conscience. Si j'admettais que je pouvais entrer en résonance avec Dieu le Père, tout de moi, sa fille, devenait

1. Auteur de l'essai autobiographique *Le bonheur pour une orange n'est pas d'être un abricot*, Catherine Preljocaj vient d'une société où les femmes ont dû violemment payer de leur personne – jusqu'au péril de leur vie – pour pouvoir passer de la mentalité médiévale à la modernité (éd. Favre, Lausanne).

sacré. L'idée pouvait paraître simpliste, elle transforma ma vie et mon rapport à la sexualité.

Faire fi des principes éducatifs judéo-chrétiens et ne garder que le sens du divin en moi m'a permis d'éveiller ma conscience à la beauté de tous mes actes, jusqu'aux plus quotidiens.

Y compris celui de faire la vaisselle ou de faire l'amour.

N'en déplaise à mes ascendants, je n'ai plus de jugement qui parasite mon rapport au sexe et j'ose affirmer qu'une libido et un éros bien développés sont aussi spirituels qu'une prière sincère ou une longue méditation. La seule contrainte que je revendique est le respect mutuel. Celui-ci doit s'exprimer au moment du passage à l'acte de nos fantasmes, quels qu'ils soient et d'autant plus qu'ils sont « musclés », voire violents. On peut imaginer une sexualité sans orgasme – ou sans amour fou –, mais le respect doit imbiber toutes nos intentions et nous rassembler corps, âme, esprit.

En cette période de grand déballage médiatique sur la question du sexe, si j'ai parfois des doutes, je me replace dans mes croyances et dans leur aspect le plus lumineux : le sens de la communion. Car enfin, que se passe-t-il en réalité ? Si j'entre bien d'une manière physique dans cette danse à la recherche de la fusion (alchimique ?), au final, quand les corps se tordent, s'assouplissent, s'envolent et s'offrent afin de déclencher le plaisir, je me retrouve enrichie d'une émotion spirituelle. Mon corps est le véhicule qui conduit mon esprit et mon âme à se réaliser à travers lui. C'est bien au moment de l'extase que meurt l'ego. La petite mort nous laisse enfin humbles et sans prétention. Elle est la récompense de nos misères et de nos drames.

À cet endroit, dans l'extase, l'orgueil, le pouvoir, les apparences n'interviennent plus dans la relation à l'autre.

Libérés de nos artifices, nous avançons, nus, vers l'inconnu... qui pourrait nous perdre : mais n'est-ce pas ce que nous désirons ? Nous perdre au fond de cet espace-temps fabuleux, où nous lâchons prise, où plus rien de terrestre n'existe ? Quand le mental, la douleur, le devoir prennent du repos ? Quand, bien qu'aveuglés par la lumière de ce big bang, nous pouvons voir l'invisible, sentir l'impalpable, entendre l'indicible ? Quand, à la fois seuls et fondus dans l'autre, hors contrôle, nous intégrons le paradoxe de la vie, la puissance et la fragilité de l'univers ? N'est-ce pas ce que nous cherchons à chaque fois ?

Ce plaisir qui nous taraude me semble essentiel pour continuer à croire en la vie tout en nous dirigeant, conscients, vers la mort. À cet instant, aucune des manifestations primaires de la chair ne me paraît plus sale, bestiale ou sacrilège. Au contraire, la joie et la gratitude induites par l'orgasme me rendent plus proche de Dieu, de l'univers et des hommes. Dans ces moments où je résonne avec l'infiniment grand et l'infiniment petit, j'ai conscience d'être vivante et de participer au chant du monde. N'est-ce pas ce que Dieu nous demande ?

La sexualité est une recherche de spiritualité non consciente

ENTRETIEN AVEC CORINE MARIENNEAU, MENÉ PAR CHARLES BEN AARSIL

Après dix ans d'absence – pendant lesquels elle a profondément travaillé sur elle-même et fait un enfant –, l'ex-chanteuse et bassiste de Téléphone et des Visiteurs revient sur scène avec des chansons débordant d'amour et de grandes interrogations spirituelles.

Charles Ben Aarsil : *Dans votre première chanson, vous ne dites pas « Les hommes que j'ai aimés », mais « Les hommes que j'aime »... Pour vous on peut mener plusieurs amours en même temps ?*

Corine Marienneau : Ah ça, c'est une question drôlement difficile ! Les hommes que j'aime vraiment, je les aime pour la vie, même si je ne couche plus avec eux. Peut-on coucher avec plusieurs personnes, quand on est vraiment adulte ? Je ne crois pas.

Être « fidèle en amitié » ne signifie pas avoir un seul ami. Pourquoi « fidèle en amour » serait-il synonyme d'exclusivité ?

Je n'ai pas résolu cette question, ni dans ma vie personnelle ni pour donner de conseil aux autres. L'impression que j'ai, c'est que la liberté, c'est le choix, et que le choix, c'est la limitation. C'est drôlement complexe. Pour qu'un couple réussisse et qu'il puisse y avoir une liberté de mouvement pour les deux, il faut qu'ils aient au moins soixante ans (*rire*) – c'est-à-dire que chacun ait bien trouvé sa place, avec tout ce que cela comporte de confrontation à la solitude (tant qu'on n'a pas compris qu'on est seul, rien n'est possible, on projette sur l'autre trop de choses). Un amour réussi rassemble des gens matures, pour qui la jalousie, la possession sont déjà balayées. Donc, à mon avis, ça n'existe pas. Et les plus immatures sont sans aucun doute les hommes...

« Les hommes que j'aime sont des enfants ! »

Vous vous sentiriez assez mûre pour accepter de ne pas « posséder » votre amour ?

Ça commence à venir. Mais je pense aussi que je rencontrerai quelqu'un qui n'aura plus besoin d'aller voir ailleurs. Quand on arrive à un certain degré de maturité, qu'on a vécu ce qu'on avait à vivre pour trouver sa place, on n'a plus besoin de ça. L'énergie sexuelle sort alors de l'infantilité. Je trouve que la sexualité des hommes d'aujourd'hui n'en est même pas à l'adolescence : elle est carrément infantile ! du niveau du gamin de quatre ans dans un magasin de jouets : « Maman, je veux ça, et puis ça, et puis ça, et puis ça ! » Alors vous répondez : « Ben non, mon chéri, il va falloir choisir. » Ça le met hors de lui : « J'la veux, elle ; et j'la veux, elle ; et puis aussi elle ; et elle ! » C'est d'un niveau intellectuel très, très jeune.

Et en même temps, on connaît des hommes qui n'ont eu qu'une femme dans leur vie.

Je trouve ça merveilleux. Ils ont été capables de choisir.

Oui, mais ensuite, les femmes vous disent qu'un pays où les hommes ne draguent plus et restent sagement auprès de leurs épouses est mortellement ennuyeux. « Mais où sont les mecs ? » demandent-elles.

D'accord, mais vous n'êtes pas obligé de passer à l'acte à chaque fois. Et puis, attention, parlant de l'infantilisme de notre sexualité, j'inclus les femmes, même si, comparées aux hommes, elles sont un peu plus mûres. Les femmes sont davantage capables de faire un choix, c'est-à-dire de renoncer, de se castrer – la castration est nécessaire –, capables de dire : « Ce mec-là est beau, je le désire, mais je ne suis pas obligée de passer à l'acte, parce que j'ai choisi un autre homme avec qui je vais passer ma vie. » C'est la boulimie qui est psychotique !

Au fond, dans la vision infantile de la sexualité, qui nous habite tous, nous sommes orphelins de là d'où nous venons – on pourrait appeler ça la « Source ». Et nous voulons tous y retourner. Et la sexualité est l'un des leurres qui nous font croire que nous avons retrouvé la Source, parce qu'on y vit en état de fusion. La fusion, c'est le chaos originel. On est attiré par cet état, on plonge dans la sexualité, on s'imagine qu'ainsi on grimpe au ciel. C'est cette vision qui est infantile. Il faut plutôt trouver le lieu intérieur qui nous relie à la Source et qui n'est pas sexuel, mais spirituel. La sexualité est une recherche de spiritualité non consciente. Et cela pourrait justifier l'abstinence demandée aux prêtres et aux gens engagés dans la spiritualité : si vous gaspillez votre énergie sexuelle dans un désir inconscient effréné de retourner à la Source et de refusionner, vous ne pouvez pas atteindre le lieu spirituel où se passent réellement ce retour et cette fusion. Je crois qu'il y a là une grande confusion. Certes, ces deux quêtes se rejoignent, mais il ne faut pas les confondre. J'ai du mal à dire ça, on ne peut pas balancer aux gens : « Arrêtez de baiser et méditez ! », mais quelque part, je sens que ça va dans cette direction, et ça me fait penser : « Si vous faites l'amour, c'est pour retrouver votre âme sœur, qui fera de vous un être complet. » Donc, intellectuellement, je prônerais plutôt le couple, fidèle, éternel, qui crée la vie...

Toutes ces convictions, on les sent dans vos chansons, et c'est ce qui les rend fortes. Comme par exemple celle où vous ne rencontrez que des « hommes inachevés »...

...en me reconnaissant moi-même comme une « femme inachevée » engendrant un « enfant inachevé » ! La quête spirituelle, en fait, c'est toujours de faire passer l'être à une fractale supérieure, c'est-à-dire là où il retrouvera sa dimension divine. Nous sommes inachevés et peut-être que notre boulot sur terre c'est de devenir des dieux – comme si l'humanité était une grande procession et que le travail à faire était de trouver notre divinité. Et ça rejoint la sexualité : on croit que c'est par le sexe qu'on va y arriver, parce qu'on n'a pas encore de dimension spirituelle et que l'on vit dans des sociétés qui nient totalement la dimension spirituelle de l'homme. Et comme cette porte-là n'est pas ouverte en nous – et que c'est un énorme travail personnel de l'ouvrir –, on va à l'opposé, dans le sexe, alors qu'on est simplement en quête de notre dimension spirituelle. Et cette chanson sur mes « hommes inachevés » le dit aussi, oui.

Pour vous, y a-t-il un lien entre érotisme et enfantement ?

Ça me semble clair, oui ! Une fois que vous avez fait un enfant, vous êtes devenu Dieu : vous avez créé un être vivant, vous vous rendez compte ? Après ça, vous pouvez vous arrêter, vous avez fait votre boulot (*rire*). Mais la plupart du temps, quand on fait des bébés, on n'a pas conscience qu'on est en train de faire un travail divin !

Ensuite, il faut accueillir le nouveau-né, et pour ça, réparer le monde. La chanson que vous consacrez à la naissance de votre fille est sans doute la plus sereine, la plus pacifiante.

« Salut à toi,
« beau bébé,
« né d'un moment d'éternel,
« sans avant
« sans après... »

Tout reste à faire...

C'est un cycle sans fin, un travail à recommencer à chaque seconde. Chaque pensée, chaque acte doit s'inscrire dans cette procession, dans cette direction – que c'est ardu !

Mais nous vivons dans une société où les gens vous regardent facilement de travers si vous insistez sur ce lien. Ils ont l'impression que vous voulez revenir en arrière !

Que vous êtes copain avec le pape et votez à l'extrême droite ! Ils ne comprennent pas. C'est très délicat de parler de ça...

Dire que les plus beaux orgasmes sont peut-être ceux de l'enfantement ?

Mais on peut « enfanter » aussi une relation, un amour...

Oui, mais si vous enquêtez un peu dans la vie réelle, vous tombez sur des tragédies, sur...

Sur des viols ?

Plus ordinairement, sur le fait qu'à travers les âges, des milliards de femmes ont conçu des enfants en étant contraintes, forcées, tristes, écrasées, humiliées... et qu'au lieu de se faire dans un sublime bonheur, l'enfantement se produit plus souvent, sinon dans la tragédie, du moins dans le non-amour.

Ce n'est pas contradictoire avec ce que nous disions. Le désir sexuel de l'homme, à ce moment-là, se situe bien dans cette quête, mais à un niveau d'inconscience fantastiquement primaire. C'est pour ça que Françoise Dolto a pu dire : « Le viol est un acte d'amour. » C'est très choquant, mais je vois ce qu'elle entendait par là – le violeur (ou l'assassin) est mû par un désir obscur :

celui qui le pousse à essayer d'atteindre ce lieu qu'est la mort, dont il doit sentir très confusément que c'est le retour à la Source. C'est très dur de faire comprendre ça, on s'imagine que c'est une excuse du viol et de l'assassinat, mais ça n'a rien à voir !

Un autre de vos titres est intrigant, c'est « Je voudrais te dire », où vous parlez à quelqu'un que vous n'avez plus revu depuis longtemps et à qui vous expliquez que vous avez appris beaucoup de choses sur la vie, sur la confusion, sur la souffrance...

Au départ, c'est une lettre que j'avais adressée à quelqu'un de très précis qui m'a bien manipulée, mais qui m'avait aussi suffisamment séduite pour que j'aie envie de le sauver. Et lui aussi en avait envie. Mais au dernier moment, ça a capoté, parce que s'il admettait ce que je lui disais, tout son système, toute sa vision du monde s'écroulait, toute sa vie ! Donc au dernier moment, pfuit, il a rebasculé dans la psychose. Au début, cette lettre était très dure. Devenant une chanson, elle s'est adoucie – et je me suis alors aperçue qu'elle pouvait s'adresser à beaucoup de gens rencontrés dans ma vie. Elle dit aussi que j'ai compris pourquoi l'autre m'a fait souffrir : à cause de sa propre souffrance, projetée sur moi – mais je pardonne, c'est une chanson de pardon. Je dis également : « Je suis contente de te laisser un peu de mon blues », parce que le blues est trop lourd à porter. Insupportablement lourd. Et j'ai compris qu'en fait, la souffrance s'adressait uniquement à Dieu, pas à quelqu'un d'autre. Seul Dieu peut nous aider – éventuellement à travers les autres – à supporter notre souffrance.

Dans ce disque, j'ai essayé de partir d'événements vécus ou observés, et de les rendre à la fois assez profonds dans l'intime pour rejoindre ce lieu intérieur où nous avons tous la même quête et les mêmes problèmes – et en même temps assez détachés de l'ego pour qu'ils puissent éveiller quelque chose de commun à tous.

Une autre chanson, « Qu'est-ce que je t'aime quand t'es pas là... », se réfère à la dimension la moins mûre en nous.

Oui, à cet état de confusion dont nous parlions, où l'on a une quête démente, avec la force de l'adolescence, et où l'on croit que l'autre va combler cette quête, alors qu'on pose sur l'autre une charge qui n'est pas du tout la sienne, parce que c'est à chacun de combler le vide infernal que nous avons en nous ! Ce n'est pas un compagnon amoureux qui va faire ce travail à notre place. Or, en général, nous pensons : « Ça y est, j'ai rencontré un mec, donc ma vie est réglée. » Eh bien, non. Quand on projette autant sa quête sur l'autre, on est mal ; et en même temps, on l'aime ; alors « qu'est-ce que je t'aime quand tu reviens », mais dès qu'il est là, ça ne marche plus, on n'est toujours pas comblé, toujours insatisfait, et ça vire en : « Fiche le camp ! » Et dès qu'il est parti, on se retrouve dans le vide, et ça ne marche pas non plus. Tout le monde a vécu ça. Et ce n'est pas parce qu'on s'est trompé d'amoureux, mais parce qu'on n'est pas mûr.

N'est-ce pas le propre du désir que de se vivre dans le manque ?

Quand on est immature oui. Mais pas quand on est mûr.

Comme dans le poème persan : « Le paradis c'est d'être deux oiseaux : un regarde la pomme, l'autre la mange. » On peut être dans le double état de l'attente de l'autre et de la rencontre avec lui.

Et là, on change de niveau. Malheureusement, nous sommes à peu près tous dans l'immaturité. À part quelques rares exceptions. Très longtemps, j'ai cru qu'il y avait des adultes. Maintenant, je sais que nous ne sommes quasiment qu'entre enfants, dont la plupart n'essayent même pas de grandir !

Quelles ont été les grandes étapes de votre propre maturation pacificatrice ?

C'est une longue thérapie. J'ai cherché un peu partout – c'est pour ça que la revue *Nouvelles Clés* m'intéressait (je suis abonnée pratiquement depuis sa création). J'ai fait beaucoup de stages – j'ai même eu des périodes de stagite aiguë (rire) ! Développement personnel et compagnie. J'ai suivi pendant deux ans l'enseignement d'un ostéopathe bien allumé, qui avait travaillé avec des chamanes. Cela comportait des passages très violents – dans des stages où certaines personnes pouvaient arriver en plein état de crise... Je n'ai pas seulement beaucoup appris en travaillant sur moi, mais aussi en voyant travailler les autres. C'est pour ça que les stages sont intéressants.

Quand les autres, en état de crise, déballent un morceau de vie hyper-fort, c'est très enrichissant. Ma nature me fait facilement entrer en empathie profonde avec les autres. Si quelqu'un fait une crise émotionnelle forte sur un événement de sa vie, je crie avec lui, je pleure, je suis complètement « avec »...

N'entre-t-on pas davantage en résonance avec certaines personnes qu'avec d'autres ?

Moi, ce qui m'étonne, c'est justement que nous ne sommes pas différents. Nous nous retrouvons tous victimes d'une même crise identitaire : d'où viens-je ? qui suis-je ? où vais-je ? Finalement, toutes les crises reviennent à ça, c'est commun à toute l'humanité. Pierre Dac disait : « Nous sommes le chaînon manquant entre le singe et l'homme. » Cette quête est universelle. C'est ce que j'ai ressenti en participant à des stages à droite, à gauche... C'est dur de donner un nom à tout ce qui se passe dans ces stages !

Après mai 68, on aurait parlé de bio-énergie, de libération sexuelle, de thérapie psychophysique, de cri primal, etc. Là-dessus se sont greffées tant d'autres choses !

Pour être franche, c'est un peu le foutoir. Mais on retombe toujours sur la même recherche, ce qui me touchait énormément, puisque mon problème était d'avoir une identité. Bref, j'ai fait de nombreux stages et suivi l'enseignement de plusieurs écoles : de naturopathie, de faciathérapie... J'ai suivi une formation sur les médecines sacrées – amérindiennes et chinoises. Avec en filigrane permanent cette thérapie avec Alvaro Escobar Molina, où je suis passée par des crises émotionnelles fortes, avec une apogée l'année dernière juste avant de terminer mon nouveau disque. Tout ça reste assez simple : il y a beaucoup de souffrances sur la place et l'identité de chacun – or, tant que l'on n'a pas résolu ça, au moins un peu, on a du mal à vivre une relation à l'autre et à accéder à l'amour.

Vous n'avez pas papillonné, vous avez vraiment travaillé sur vous-même.

C'est pour ça que j'ai disparu professionnellement pendant plus de dix ans. D'autre part, j'ai fait ma fille, qui a aujourd'hui douze ans, ce qui est facilement un travail à plein temps si on veut faire ça convenablement. Et puis, j'ai suivi toutes ces écoles. Et j'ai énormément lu. Sans compter cette thérapie qui me secouait et m'arrachait à mon inertie naturelle – le sort de tous ceux qui ne sont pas reconnus. Matériellement, j'ai eu la chance de ne pas être obligée de vraiment travailler, du fait des rentes de mon passé musical.

D'un stage à l'autre, est-ce que tout ne dépendait pas finalement de la qualité de l'instructeur, du guide, du chamane, appelez-le comme vous voulez ?

Il vaut mieux qu'il n'en soit pas ainsi ! Je suis tombée sur des gens à la limite de la mégalomanie et de la paranoïa, des gens très limites ! Heureusement j'ai en moi une force, depuis ma naissance, un petit Jiminy Cricket qui me dit : « Danger ! Laisse tomber ! » Je ne laisse pas forcément tomber, mais je me place alors à un endroit d'où je peux prendre ce qu'il y a à prendre et laisser ce qu'il y a à laisser. Et j'arrive à faire la différence entre un enseignement réel et une mégalomanie manipulatrice. Au bout d'un moment je m'en vais, parce que c'est tout de même embêtant d'être avec des gens incapables de vraiment enseigner. Celui qui est resté tout le long avec moi et avec qui j'ai fait un travail très lent, très progressif, très profond et très efficace, c'est Alvaro, qui est un chamane, un vrai !

Un vieux sage...

Il n'a même pas soixante ans ! Il est l'héritier de sa grand-mère chamane, mais il n'exerce pas cette fonction. Par ailleurs, il est psychothérapeute freudien classique, professeur de psychologie clinique dans une faculté. Et c'est un guide, un poteau indicateur, c'est-à-dire surtout quelqu'un qui m'a aidée à reconnaître le poteau indicateur à l'intérieur de moi. Dans la vie, on rencontre quelquefois des gens dont on se dit : « Nous sommes de la même famille de pensée. » Il m'a vraiment aidée à aller là où je devais aller. Ce n'est pas un gourou manipulateur, c'est mon maître de philosophie.

Que penser du problème des sectes ?

Hou là, c'est complexe ! J'ai croisé des gens pas nets : des gourou mégalos, des petits chefs au service du gourou, qui vous disent quand vous arrivez la première fois : « Bienvenue parmi nous. » Ça me glace. On m'avait conseillé un travail sur le chant des voyelles : première séance, on me prend dans les bras, comme si j'étais un bébé à consoler, et on me glisse à l'oreille avec un ton suave : « Bienvenue parmi nous... » Je suis partie en courant (rire) ! Et il y en a un paquet comme ça ! C'est chaque fois le « peuple élu » – et les autres peuvent crever. Eux savent, les autres ne savent pas. Eux sont dans la vérité, les autres n'y sont pas. C'est terrifiant. « Bienvenue parmi nous » est un déclic immédiat : au revoir et bonne chance ! Parce que moi, j'y suis déjà, « parmi nous », mais « nous » c'est l'humanité entière – pour ne pas dire le cosmos.

Une recherche de spiritualité

À l'inverse, la société politiquement correcte se montre très sévère vis-à-vis des quêtes spirituelles...

La société a raison de se défendre, mais souvent elle ne le fait pas pour les bonnes raisons. Je ne crois pas au « complot » des gouvernants qui veulent empêcher les gens de penser. Je pense plutôt que les postes clés de la société sont tenus par des gens très matérialistes, psychiquement confortables là-dedans, qui ont affreusement peur d'ouvrir des portes dans leur propre psychisme. Parce que c'est dangereux d'élever, ou d'élargir son niveau de conscience, de partir en quête de soi-même... Ils sont morts de trouille. Ils ont besoin d'être rassurés par des barrières bien tangibles. Sinon, il leur faudrait commencer à se remettre en question, peut-être même aller suivre des stages, faire de la méditation... Et cette idée leur est insupportable.

Des âmes sœurs aux âmes autres

RENCONTRE ENTRE AROUNA LIPSCHITZ
ET HUGUETTE GUERMONPREZ

Pourquoi passons-nous si vite du simple besoin d'échange affectif ou sexuel à la constitution d'un « couple » ?

Après avoir traversé bien des expériences spirituelles, Arouna Lipschitz invente la « voie de l'Amoureux ».

« Rien ne m'arrête sur le chemin de l'amour. Rien. C'est ma quête, je continue à le chercher. Tout le monde attend l'amour, tout le monde en a la mémoire. Je sais qu'il est là. » Ainsi parle Arouna Lipschitz, cinquante-quatre ans, avec force, joie et un brin de provocation.

Sa manière de raconter crûment sa démarche spirituelle peut être jugée « politiquement incorrecte ». Arouna parle, comme elle dit, « chair et os ». C'est ce qui nous a intéressés chez elle. Peut-être est-ce cela aussi qui a donné envie à Guy Corneau, auteur de *N'y a-t-il pas d'amour heureux*[1] ? de préfacer son premier livre, *Dis-moi si je m'approche*[2].

Mariée très jeune, Arouna se retrouve veuve quelques mois plus tard et entre dans une véritable valse des

1. Robert Laffont.

2. Éd. des Trois Monts ; son second livre, *L'un n'empêche pas l'autre*, est paru en avril 2003 aux éd. du Souffle d'Or.

amours. Parallèlement à une vie affective trépidante, elle devient docteur ès lettres, puis professeur de yoga. Quelques années plus tard, son maître indien l'ordonne *swâmi* (maître dans la tradition hindoue). Elle ouvre un ashram en région parisienne, revêt la robe orange, fait finalement vœu de chasteté – vœu qu'elle respectera pendant dix ans. Puis elle tourne la page, part au Canada étudier la Kabbale et renouer avec ses racines juives.

Un matin, un de ses maîtres la fait se réveiller de bonne heure et lui demande : « De quelle couleur sont les yeux de tes proches ? » Elle pense aussitôt à sa mère, à sa sœur, à ses amis, et se rend compte qu'à force de travailler sur elle-même, les autres n'existent plus pour elle : « Je les avais perdus de vue, je ne savais plus la couleur de leurs yeux ! »

Et puis un beau jour tout bascule : « J'étais installée sur un banc, je regardais les gens, me moquant d'eux, de leur façon de marcher, de s'exprimer, de s'habiller, et tout à coup, j'ai vu leurs visages, le visage de chacun, sa part de vulnérabilité et donc sa force. Ce regard différent posé sur eux m'a permis de redescendre dans mon cœur et, soudain, de les trouver intéressants et dignes d'être aimés. »

Après cette expérience, Arouna revient en France et décide de fonder un enseignement : la « Voie de l'Amoureux ». Sa question de départ : comment approcher l'autre sans perdre le lien avec le divin ? À bien y regarder, elle se dit qu'en amour il peut y avoir des errances plus ou moins longues, mais pas d'erreur : toutes nos relations nous préparent à la rencontre avec l'« âme autre ». La voilà partie dans une classification des relations amoureuses, qualifiées de relations de guérison.

Premier degré : la compensation consolatrice – on

rencontre une personne qui nous fait du bien, une épaule sur laquelle pleurer. Mais pourquoi, se demande Arouna, passons-nous si vite de cet échange humain basique à la construction d'un « couple » ? Pourquoi ne pas nous contenter de l'échange ? Est-ce vraiment cela que nous désirons vivre ? Un siècle après Rainer Maria Rilke, la jeune femme nous invite à oser nous bâtir sans automatiquement recourir à une « béquille conjugale ».

Second degré de l'échelle amoureuse : la relation karmique. Selon de nombreux sages, dont le kabbaliste Adin Steinsaltz [1], beaucoup de nos relations relèvent de liens karmiques. C'est « déjà-vu ». Détournant l'énergie sexuelle à son profit, la relation karmique peut devenir coup de foudre. L'important est alors de dénouer des nœuds anciens, en nous dégageant de la répétition. « Ce que le coup de foudre réveille, dit Arouna, c'est le schéma non accompli duquel je suis prisonnier, avec toujours les mêmes réflexes émotionnels et, quand ça va mal, les mêmes questions en boucle : que fait-elle ? où est-il ? pense-t-elle à moi ? va-t-il m'appeler ? »

Pour une approche initiatique de l'amour

Une approche initiatique de l'amour devrait nous rendre plus prudents. Est-il nécessaire d'engager une relation de couple avec cette personne pour qui notre cœur s'est emballé ? Certes, il est conseillé de s'approcher de l'aimé, ne serait-ce que pour réveiller l'ancien schéma non accompli et tenter de s'en libérer. Mais il peut aussi arriver, si la conscience n'est pas assez forte et que rôde la peur de succomber à l'attraction fusionnelle, qu'il

1. Cf. *Nouvelles Clés*, n° 22.

vaille mieux changer de trottoir et s'enfuir, en toute conscience ! Le danger de la relation entre âmes sœurs, poursuit Arouna, c'est que l'autre y est du « même ». On se reconnaît en lui, mais on oublie de le regarder comme autre, c'est-à-dire comme mystère. Jusqu'au moment du réveil, où l'on se demande : « Mais qu'est-ce que je fais avec cet homme ? avec cet homme qui adore le foot ? avec cette femme tout le temps dehors ? » Une âme sœur peut aimer un quotidien qui ne nous intéresse pas. Ne pas se tromper d'amour, c'est d'abord ne pas se tromper soi-même.

Comment cesser de juger l'autre ? Comment ne plus penser qu'il y a mieux ailleurs ? Arouna : « On a les relations de son état de conscience. La quête initiatique de l'amour ne peut commencer tant qu'on ne s'est pas reconnu dans un projet de vie. Mais tout le monde ne se donne pas comme projet la relation amoureuse. Pour cela, il faut avoir une approche consciente de l'amour. »

Alors seulement peut commencer ce que Guy Corneau appelle la « guérison du cœur ». Guérir de quoi ? D'abord de nos projections idéalisées : le prince charmant, la femme fatale, etc.

Ensuite guérir de nos manques infantiles : manque d'estime ou de respect de soi. Quelles sont mes véritables exigences ? Est-ce mon choix d'opter pour telle relation, ou suis-je déterminé du dehors ? Qu'est-ce qui me pousse à « consommer » cet amour-ci ? la nostalgie d'un paradis perdu ? la revanche d'un non-dit ancestral ?

Mais conscientiser nos motivations ne suffit pas. Pour qu'un amour puisse guérir, il faut une réciprocité – sinon, c'est l'enlisement dans la codépendance. Quand les deux partenaires sont conscients, l'amour devient un compagnonnage d'études. Et, de nouveau, peut se poser la question : cela ne peut-il en rester là ? pourquoi forcément s'engager dans la conjugalité ? « À un certain niveau, dit Arouna, tout est dans l'art de savoir mettre fin à ses relations... en amoureux. » L'amour peut-il devenir un pur art d'être, art de s'approcher d'autrui en amoureux, quel que soit cet « autrui », dans la joie et la légèreté ?

Une question surgit alors, abrupte : ce type de relation n'est-il pas réservé aux âges mûrs, après bien des échecs et des joies ? Réponse : « Sans doute sommes-nous, femmes de cinquante ans et plus, une génération un peu sacrifiée, car peu d'hommes de notre âge ont effectué un chemin similaire. Cependant, nous sommes aussi la génération qui a initié la joie de vivre chez des millions de femmes. Or, la joie génère l'amour. Quant aux moins de trente ans, elles ont profité de notre maturité. Nous les avons bien préparées à vivre. Et cela seul suffit à m'empêcher de désespérer et me remplit de joie ! Et puis, il y a une autre certitude exaltante : l'autre ne vient jamais d'où je l'attends. Je ne désespère pas de trouver des hommes à la hauteur de ma joie. J'en ai connu un échantillon récemment. Quel programme ! »

Désir humain
Désir divin

PAR ALAIN VALADE

Si l'on accepte l'idée que l'expérience de l'amour humain est l'apprentissage de toute une vie, nous permettant d'accéder à l'amour absolu, il ne fait aucun doute que le corps de la femme joue un rôle comparable à celui qu'un livre initiatique a le pouvoir d'exercer sur son lecteur. Il est dit dans le Cantique des cantiques que le corps est le temple de l'âme. Au même titre, on peut ajouter qu'il en est le théâtre. Dans la poésie persane, le corps féminin est célébré dans sa dimension symbolique, là où l'esprit traverse et illumine la chair. Bouche, boucle de cheveux, lèvres, cils, fossette du menton deviennent prétextes à toute métaphore cristallisant les transports d'ivresse extatique provoqués par la passion amoureuse.

Ainsi sublimé, le corps de la femme se situe au point d'orgue où l'amour humain et l'amour divin se confondent. Ces deux quatrains de Rûmî en témoignent :

Ô toi qui es un exemplaire du Livre divin
Toi qui es le miroir de la souveraine beauté
Rien n'existe dans le monde hors de toi
Ne demande qu'à toi-même... Ce que tu veux, c'est toi

En vérité nous sommes une seule âme, moi et toi
Nous apparaissons et nous nous cachons toi dans moi, moi dans toi
Voilà le sens profond de mon rapport avec toi
Car il n'existe, entre moi et toi, ni moi ni toi.

Dans le même esprit, Hâfez écrit : « Celui-là ne mourra jamais, dont le Cœur ne vit que d'amour. » Dans tous ses poèmes, la chair est exaltée à des fins essentiellement spirituelles :

Je suis enivré sans arrêt par le parfum de tes cheveux
Je suis détruit, à chaque instant, par tes magiques, traîtres yeux
Après d'aussi longue patience, mon Dieu ! verrai-je enfin la nuit
Où j'allumerai ma chandelle dans l'arcade de tes sourcils ?
Ma clairvoyance est une ardoise que je chéris matin et soir
Car elle est comme le miroir qui reflète ta mouche hindoue.
Si tu veux embellir le monde pour autant que l'éternité
Dis au vent d'écarter ton voile de ta face pour un instant
Si tu veux abolir la loi qui rend ce monde périssable
Crève l'écran de tes cheveux : il s'en répandra mille vies
Le vent et moi sommes deux gueux, des vagabonds, des inutiles
Nous sommes enivrés tous deux par ton parfum et par tes yeux.

Pour celui qui partage sa vie avec une Persane éprise de spiritualité, ces chants d'amour sont limpides, explicites et sans mystère. Grâce à eux, on s'évade quotidiennement du temps et de l'espace.

Ils inventèrent les « laboratoires ardents »

PAR DOMINIQUE BERTRAND[1]

Né au cœur du Moyen âge, l'amour courtois des troubadours renversa les consciences sur elles-mêmes, en distribuant l'alchimie amoureuse hors des remparts de l'Église. Fondant l'âme européenne, cet art de vivre est plus que jamais à l'ordre du jour, aujourd'hui. C'est l'art de la joie.

À Marol

« Ma parole sera pur néant », disait au XIIe siècle Guillaume d'Aquitaine en ouvrant sa chanson, la faisant ainsi naître à la source même du sans-visage... On dit de Guillaume qu'il fut le premier d'entre les troubadours. On dit aussi des troubadours qu'ils « inventèrent l'amour », parce qu'ils introduisirent le sentiment amoureux dans le champ de la parole poétique. Guillaume en effet invente, d'un coup, une langue d'amour qui jongle entre la chair et l'âme, et brûle soudain d'une

1. Musicien et musicothérapeute, Dominique Bertrand a beaucoup voyagé, notamment en Inde, d'abord sur les pas de Mâ Anandamayi, puis dans la mouvance des Bauls du Bengale. Vous pouvez le rejoindre sur le site de l'ensemble Amadour : *www.trouveurdor.com*

clarté nouvelle. La contagion est foudroyante. En quelques années l'Occitanie, la France puis toute l'Europe prennent feu d'une poésie dont l'influence sera déterminante pour la culture occidentale : la courtoisie. Une interrogation sur l'intimité de l'événement amoureux, sa diffraction dans l'âme et dans la parole, sa puissance dévastatrice, transformante, créatrice, initiatique, face au visage de la dame : la valeur absolue.

La contagion fut facilitée par le fait que cette parole n'était plus en latin mais en langue d'oc, comprise par toutes les strates de la société. Le fleurissement soudain de la langue populaire ne s'arrête pas à l'Occitanie. Surgit le cycle du Graal en langues de France, d'Allemagne, d'Angleterre, d'Italie, d'Espagne. Les versions se répondent, se diffractent et, par-delà la diversité des idiomes, murmurent le même secret : le Graal, la Coupe magique, le grand Songe de ces siècles... Le Graal est porté par une dame appelée Repanse de Schoye, que l'on a traduit : Réponse de Joye. Vertigineuse métaphore du Secret-qui-se-montre-tout-en-restant-secret, il se présente comme une coupe taillée dans une pierre céleste qui, selon la légende, brillait autrefois au front de Lucifer, avant sa chute. On voit donc, quant à l'audace symbolique, que nos poètes placent la question de l'amour assez haut. Mais la réponse aussi : joye. Ainsi les troubadours furent-ils les trouveurs de cet art de vivre appelé le joy, l'art de savoir perdre la tête à bon escient.

Car il n'est d'amour sans ivresse. L'événement amoureux n'est pas « sage » : il excède. Il semble vouloir transporter la conscience en un lieu qui se joue des catégories ordinaires. Ainsi Guillaume chante que c'est « en dormant à cheval » que cette parole lui est venue du néant, « ni de moi ni d'un autre ». Nous voilà étrangement situés quant aux sources du verbe : en ce néant d'amour d'où surgit tout amour. De cet art du joy dont l'amour est la substance vive, nous savons par les textes qu'il passe par un retournement abrupt de la conscience sur elle-même. La langue nouvelle y est propice : les chansons sont volontiers à la première personne et décrivent l'intériorité des mouvements de l'âme. Ce retournement semble s'accompagner d'une étrange inversion des valeurs, comme en témoigne par exemple la « Fleur inverse » de Raimbaut d'Orange, parmi d'autres. De ce retournement, la Joie est la clé. Comme le Graal, capable de transmuer la terre stérile en terre féconde.

L'art du joy introduisit ainsi dans la parole occidentale une soudaine explosion translinguistique, qui fait peut-être de ces « trouveurs » errants les premiers disséminateurs de ce que les politiques, aujourd'hui, cherchent désespérément sous le nom d'« âme de l'Europe ». En ces temps, l'Europe est chrétienne, et le latin des clercs sa seule unité intellectuelle. La courtoisie naît de ce geste poétique premier qui, arrachant à l'Église la mainmise sur le mot « amour », le descendit d'un coup du ciel des fixes jusque dans la chair bouleversée. C'est la parole qui en fut bouleversée, explosant hors du latin d'Église en langues plurielles, réintroduisant, dans l'injonction morale de l'amour infini, la problématique abrupte du désir. Cette incarnation poétique du verbe « aimer » eut des répercussions décisives quant aux règles de la chair et des sentiments. Hommes et femmes se mirent à dialoguer sur l'enjeu de l'amour et ses attributs : le respect, les limites, la transgression, la création de règles du jeu, autrement dit la naissance d'une culture.

Réunis en cours d'amour et disputant de poésie, hommes et femmes venaient tremper le verbe au feu premier : comment faire avec le désir ? peut-on vraiment aimer plusieurs personnes d'un même amour ? quid de la chasteté, de la fidélité, de la liberté, du lien, des déchirements de la jalousie, face au vertige réciproque ? S'ouvrirent des laboratoires ardents pour l'expérimentation de la parole, où certains inventèrent le *trobar clus* (clos), mêlant entre leurs lignes plusieurs niveaux de compréhension (parfois soigneusement scellés), associés à des règles métriques et rythmiques d'une étonnante complexité, chef-d'œuvre de leur compagnonnage de trouveurs.

Car l'art du verbe soudain florissant fut aussi art du luth, de la vielle et du tambourin.

L'entrelacs des mots, des notes et des rythmes fut un puissant atout pour que cette parole intime se répande si aisément, malgré la diversité des langues. Musique et parole amoureuse sont sœurs jumelles. Toutes deux autorisent la pulsion explosive à devenir pulsation vibrante, à « durer », sans se perdre pour autant : diffraction temporelle du désir. Toutes les traditions du monde associent ainsi les deux sœurs, qui travaillent, chacune à sa façon mais en compagnonnage, la substance du temps : une parole est poésie lorsqu'elle intègre, en ce qu'elle dit, le rythme de ce qu'elle dit, qui vient bouleverser ce qu'elle dit. N'est-ce pas là le mouvement même de l'amour ? Cette parole « habitée » peut ainsi nouer vivement une boucle temporelle, pour y saisir au vol une phrase qui saisit : ni de moi ni d'un autre...

*L'*asag *: passer la nuit sans se toucher*

Ainsi le troubadour nous prévient que retourner le temps sur lui-même s'opère par un étrange déplacement de la conscience, passant de la diversité des expériences sensorielles au mystère intime de l'identité, face à l'abîme sans visage. Où l'identité « ordinaire » est abruptement abolie, néantisée face au mystère originel du désir. Mais le mystère alors peut s'accomplir : ce néant se révèle être le gouffre « sur-naturel » de la transformation du désir en amour. Car c'est bien là la question, auxquels ils répondront par l'exercice de la noble patience, l'*asag*, pratique occitane où l'amant, se couchant pour la première fois auprès de sa dame, passe la nuit sans la toucher, transformant son corps en alambic alchimique pour le retournement des forces de vie en conscience. La continence de l'amant courtois n'est cependant pas la chasteté du moine : son horizon est la jouissance, qu'il met à l'épreuve de l'imminence et du risque de la perte ; et il se réjouit de découvrir, en ce risque, le monde en flagrant délit de transfiguration. La langue du joy décrit ainsi comment, dans les profondeurs obscures de l'âme touchée par l'amour, surgit la présence nue des fleurs au printemps, des givres en hiver. La métaphore des saisons y abonde, où le secret du cœur est un torrent abrupt, une corolle d'aubépine en son éclosion, un battement d'ailes d'alouette... Pour le meilleur et pour le pire, car l'amour qui s'incarne à l'épreuve du désir et du monde y éprouve ses propres saisons : apparition, gloire, disparition...

Une étrange tension naît entre l'intuition d'éternité que l'amour vient toujours aviver en nous (parfois de façon fulgurante), et son inscription dans les épaisseurs de la chair et des fluctuations du temps.

Pour la période des troubadours, cette tension est historiquement lisible comme transition entre d'une part l'« Amour obligatoire », moral et désincarné, du dogme chrétien, et d'autre part la découverte d'une intériorité subjective et dynamique, « dramatique », qui devient du coup subversive, facteur de remous. Comme Dante semble le confirmer en les citant dans sa Divine Comédie, on peut voir les troubadours comme ceux qui, sous l'étau scolastique, furent les gardiens d'un feu secret qui se manifesta en toute clarté à la Renaissance. Gardiens du verbe. En ce siècle en effet, la pulsion changea de pulsation : la dame demandait à son hérault de savoir attendre, patienter, de confirmer d'épreuve en épreuve le chemin du raffinement.

La continence était alors une valeur première, signifiant simplement la capacité pour l'homme de contenir, de savoir garder sa force en son propre centre, et d'accueillir noblement le mouvement intériorisé de son désir (en termes modernes : le mouvement de la sublimation). Le Graal, en tant que contenant parfait, symbolise la valeur de cet accomplissement.

Cet étirement du temps de l'attente fut effectivement fécond d'une efflorescence du verbe : le désir et le verbe s'entendent bien en poésie. Ainsi l'*asag*, ce chemin initiatique à la merci des exigences de la dame, nous enseigne que l'« amour de loin », la « *fine amor* », est né de l'attente, favorable à cet art de patience : créer de fragiles demeures poétiques pour un éclair d'éternité, seule compagne honorable de l'attente.

Volant à l'Église le mot « amour », les troubadours firent basculer l'infini absolu dans la dimension humaine, là où l'amour surgit, se déploie, et disparaît ; où amour et désamour se font de l'ombre réciproque. Ils lui redonnèrent ainsi du corps, augurant d'une nouvelle étape dans l'incarnation du verbe « aimer ». Ils passèrent ainsi du corps du Christ à celui de la dame, du céleste à la chair, de l'unité transcendante à l'abîme du désir : la distinction entre les sexes... Et c'est la dame des troubadours qui finit par baptiser « Notre Dame ». On n'échappe pas à la transcendance. Sauf que celle-ci semble désormais animée d'une nouvelle dynamique, venue des profondeurs de la chair.

L'esprit troubadour est l'avenir du monde

Officiellement les troubadours disparaissent à la Renaissance. Mais on a relevé leur influence dans de nombreux domaines de toute la culture occidentale, comme, par exemple, la palette de sentiments qu'ils offrirent à la langue française, les distinctions subtiles entre les degrés de l'amour qui fondèrent une littérature et même une science : la psychologie (qui étudie justement aujourd'hui la question de la temporalisation de la pulsion). Mais la richesse de la littérature mystique lui doit tout autant : François était un saint troubadour, et saint Jean de la Croix écrivant ses poèmes exploite en maître la subtilité des sentiments transmis par la poésie courtoise, tout comme sainte Thérèse d'Ávila.

Cette tradition, entendue comme pratique, ne s'est pas perdue : la chanson d'amour fut irriguée jusqu'à aujourd'hui des perspectives ouvertes par la courtoisie, nourries de la tension des turbulences historiques. Il y eut toujours depuis Guillaume des musiciens voyageant pour chanter l'amour. Brel, Ferré, Trenet, Brassens, Vigneau pourraient revendiquer noblement l'héritage, parmi tant d'autres. Mais il y a peut-être aussi une dimension philosophique qui permet de dérouler d'autres filiations. Les troubadours furent, comme les alchimistes, les artisans d'un retournement de la pensée, qui sut maintenir la logique du tiers-inclus (de nature ternaire) contre la dictature scolastique du tiers-exclu (au risque du bûcher). La logique ternaire, capable de concevoir que ceci peut être à la fois ceci et autre chose, est évidemment inclusive.

Elle fonde la notion de métaniveau. Elle est l'outil de l'alchimiste qui peut concevoir qu'une même matière puisse être plomb et or. Elle est celle du troubadour qui redécouvre la plénitude de la nature au néant de lui-même. C'est la logique de l'hermétisme qui explosa en effet à la Renaissance, jusqu'à Giordano Bruno brûlant sur son bûcher à cause d'Hermès Trismégiste. Il laissait une pensée des mondes infinis dont les physiciens modernes sont les héritiers, capables aujourd'hui de concevoir que la matière puisse être onde et particule.

La logique ternaire est celle de la métaphore, qui prétend parfois que mon cœur est l'orage, ou la nuée, ou la source. C'est elle qui permet au troubadour l'audace saisissante ; car elle est aussi, et surtout, la logique de l'amour : celle qui éveille à la possibilité que l'un puisse être l'autre ; tout comme celle de la fécondité qui dit clairement, avec des nombres vifs, que 1+1 = 3.

Elle intègre donc l'éros et le zéro (que la culture occidentale reçoit de ses aventures orientales) comme facteurs possibles de triangulation : cette parole ne vient ni de moi ni d'autrui, elle vient du néant. Guillaume salue le mystère d'entrée de jeu, d'un paradoxe audacieux, en plaçant le néant comme tiers relativement à lui et autrui.

À l'heure des déclarations de haine, de la guerre des sexes, de la sexualité télématique s'enivrant de la « vitesse absolue », redécouvrir le sens de l'*asag* paraît totalement anachronique (à moins d'avoir un sens précis de l'héroïsme, ou de la sainteté). Il semblerait pourtant, si l'on en croit les textes, que cela concerne non seulement le troubadour en quête d'inspiration, mais tout homme en quête de son souffle profond.

À chaque génération le miracle de l'amour renaît comme un printemps. Que dire à l'adolescent du siècle du sida ? Du néant à l'effervescence du monde, sur la corde d'un luth dont l'*asag* assurerait la juste tension, voilà peut-être la leçon subtile du troubadour.

Troisième partie

Regards sur l'amour et le couple

Si l'homme et la femme sont deux moitiés d'un même Être complet, lorsqu'ils s'unissent dans l'amour, cet Être ne devrait-il pas forcément s'éveiller ? Peut-être, disent les traditions, à condition qu'il s'agisse vraiment d'amour – mais parle-t-on *vraiment* d'amour ? S'il est nécessaire, comme nous y invite l'Évangile, d'« aimer l'autre comme soi-même » qu'entend-on par « aimer » et quel est ce « soi-même » si étranger au « petit moi » égotique qui, passé un certain âge, cesse d'être véhicule pour devenir prison ? L'expérience montre que ces questions incandescentes ne se travaillent nulle part aussi bien que dans un atelier appelé couple. Traversant la durée, la vie à deux suppose justement, pour se maintenir dans l'amour, une forme d'abandon, de lâcher-prise, de renoncement. Ainsi la compassion, la disponibilité, la sollicitude peuvent-elles devenir réalité.

La fécondité intérieure

ENTRETIEN AVEC ANNICK DE SOUZENELLE[1],
MENÉ PAR NATHALIE CALMÉ

Annick de Souzenelle : Nous avons tous à « devenir »... L'Homme d'aujourd'hui n'est pas l'Homme définitif. Pour l'instant l'Homme est très identifié à son inconscient. Mais une lente montée de conscience se fait depuis le début des temps et se fera jusqu'à la fin des temps. L'Homme est comparable à un arbre qui grandit et dont la sève monte. Le thème de la fécondité est donc essentiel. Mais on a trop longtemps confondu le fruit de cet arbre, et donc l'objet même de la fécondité, avec l'enfant qu'un couple met au monde. L'enfant est béni, mais il n'est pas le but, il n'est pas le fruit. Dans mes ouvrages, j'ai souvent mis l'accent sur ce qui est dit de la création de l'Homme – de l'Adam – dans la Genèse : « À l'image de Dieu » et « mâle et femelle il est créé ». Il est bien entendu qu'à un tout premier niveau, celui du sixième jour qui voit aussi l'apparition des animaux de la Terre, Adam est comme ces derniers, « mâle et femelle », dans les catégories biologiques, et voué à la procréation. Mais à un autre niveau qui fera

1. Auteur du *Symbolisme du corps humain*, Albin Michel. Dernier livre paru : *L'Arc et la Flèche*, Albin Michel. Site Internet : http://souzenelle.ovh.org/

l'objet du septième jour, l'Homme en tant qu'image de Dieu est appelé à faire un passage essentiel dans la réalisation de cette image, et le vocable « mâle et femelle » prend alors une tout autre signification : est « mâle » celui (ou cela) qui « se souvient » de cet autre « côté » de lui-même (et non d'une « côte » !) lourd de l'image divine ; il s'agit, dans ce pôle « femelle », d'un féminin intérieur à tout être humain, côté voilé de lui parce que encore inconscient mais riche d'un potentiel inouï.

Épouser ce féminin-là pour faire grandir l'« image » – comme grandit en effet un enfant dans un ventre maternel – pour atteindre à la « Ressemblance à Dieu » est alors la vocation réelle de l'Homme (hommes et femmes). Nous pouvons prolonger l'analogie et dire que l'état de « Ressemblance » est celui d'un enfant intérieur prêt à naître au neuvième mois d'une gestation essentielle. À ce terme, ce qui n'était que potentiel est réalisé, l'inconscient est transmuté en conscience. L'arbre a donné son fruit : l'Homme déifié. Là est la vraie fécondité.

Malheureusement, je lis encore aujourd'hui de nombreux ouvrages de théologiens qui continuent de confondre ce féminin des profondeurs en chacun, avec la femme extérieure qu'alors on voile d'une façon ou d'une autre...

Nathalie Calmé : *L'humanité s'est donc arrêtée là, et les Églises participent à ce réductionnisme !*

Oui, les instances religieuses se sont dramatiquement arrêtées là ! En Occident, jusqu'au concile Vatican II, le mariage n'a eu pour finalité que la procréation. Un couple sans enfant était terriblement culpabilisé. Non moins culpabilisante était l'union accomplie hors de ce propos. Navrant !

Vous venez de dire que l'homme est à devenir... à devenir Homme vraiment. À travers la rencontre amoureuse, sorte d'état d'illumination, n'a-t-on pas, inconsciemment, l'impression qu'enfin l'être aimé va nous aider à faire fleurir en nous ce germe d'humanité que nous n'arrivons pas à faire émerger seuls ? La relation de couple peut-elle être une voie d'évolution vers ce devenir dont vous parlez ?

Être amoureux tient d'une magie dont la folie, en l'homme ou en la femme, résulte de cette même « montée de sève » que j'évoquais tout à l'heure. Mais, en l'occurrence, cette montée de sève est totalement investie « à l'horizontale », récupérée dans les relations humaines ; elle ne fait plus l'objet du mariage intérieur qui, lui, assure la verticalisation de l'être et le conduit jusqu'à l'expérience de la « folie en Dieu ».

En l'Homme, cette sève est la puissance de l'Éros, de source et de finalité divines, mais dont une partie dessert, si j'ose dire, les étages intermédiaires : la vie génitale et l'ordre affectif s'en nourrissent, mais se voient transformés par un appel plus puissant encore, celui des épousailles divines. En profondeur, la vie de l'Homme n'est que nous ! Mais lorsque les ordres intermédiaires captent toute la sève et qu'ils s'octroient la dimension d'Absolu, qui n'est qu'en Dieu, les lendemains sont désenchanteurs, pour ne pas dire parfois très douloureux ; chacun des deux partenaires, coupé de lui-même – étranger à cet autre « côté » de lui-même –, exige de l'autre un absolu et s'irrite de ce qu'il ne le lui apporte pas. Il s'agit là d'un jeu hélas inconscient !

Mais lorsque l'Homme devient conscient, cette magie de l'amour de deux êtres peut admirablement contribuer à la transformation intérieure de chacun. Lorsqu'ils replacent cette poussée de sève dans le souffle de l'appel divin, ils ne vivent pas là des forces contraires, mais des étapes différentes d'une même force, dont l'une illumine l'autre.

Une transcendance nous habite, qui transforme tout ; je dirais que nous devons nous laisser envahir par elle. En ce sens, le mariage n'est pas une moins grande ascèse que les autres formes de vie, celle du moine ou du célibataire ; toutes ont le même but. Mais le mariage en est une icône directe.

Aujourd'hui plus que jamais, nous avons besoin de replacer toutes ces valeurs dans leur vraie lumière. Il nous faut une exigence autre...

Peut-on voir à travers le symptôme du divorce, qui se développe de plus en plus, le symbole précisément de cette autre exigence ? Par exemple, un début de prise de conscience que l'autre ne peut pas faire le travail intérieur à notre place, et que la recherche du bonheur à l'extérieur de soi n'est qu'illusion ?

Je ne sais si nous pouvons poser le problème de cette façon. Je crois que la multiplication des divorces est encore une réaction aux interdits d'autrefois. Nous arrivons à la fin d'un monde qui était basé sur une éthique morale. On ne divorçait pas, c'était interdit par l'Église d'Occident. Cette loi faisait partie intégrante de l'éthique, mais celle-ci est en train de s'effondrer. On n'a pas encore reconstruit pour autant un autre paradigme. Aujourd'hui on ne veut plus obéir à une loi, mais comprendre le sens. Je crois que les divorces font partie de ces conflits auxquels on croit pouvoir donner une solution en les contournant.

Je suis peut-être trop optimiste en disant cela...

Oui, peut-être. Si deux êtres qui se séparent ne se remettent pas totalement en question, ils risquent de reproduire la même situation par la suite. S'ils se remettent en question, ils peuvent parfois reconstruire une relation à un autre niveau de l'amour. Ce n'est plus la folle magie du premier jour, mais c'est beaucoup plus profond.

Vu ainsi, le divorce est la preuve de notre grande irresponsabilité face à nous-mêmes... La seule aide véritable doit venir de nous.

Vous avez raison. Mais je vous arrête sur le mot « aide » qui, justement, apparaît dans la Bible au 2e chapitre de la Genèse. « Dieu dit : il n'est pas bon qu'Adam soit seul, faisons une aide semblable à lui. » Cette traduction est mauvaise sous bien des aspects, mais surtout en ce qu'elle qualifie l'aide ; il n'est pas possible de traduire par « semblable à », il serait plus juste de parler d'une « aide capable de communiquer avec lui », ou encore d'« être son face-à-face ». C'est alors que Dieu fait découvrir à Adam cet autre « côté » de lui-même – et non sa « côte » comme je l'ai dit tout à l'heure –, cette part de lui qu'il devra épouser, son féminin intérieur.

Adam – chacun de nous – ne peut que trouver aide en lui-même, en entrant en communication avec lui-même, avec cette part sacrée de ses profondeurs.

En partant de ce constat, comment l'homme et la femme, dans la vie de couple, peuvent-ils cheminer ensemble et s'aider à réaliser ces épousailles intérieures ?

Ce n'est que dans la mesure où l'on communique avec soi-même que l'on peut communiquer avec l'autre à l'extérieur. Cet « autre extérieur » est toujours représentatif de l'« autre intérieur » à soi. L'accepter dans sa totale différence, c'est s'accepter soi-même. Seule cette vraie communication nourrit l'amour. Lorsqu'elle n'existe plus, l'amour meurt. C'est ce que signifie le « ils n'ont plus de vin » – plus de réjouissances – que Marie fait discrètement remarquer à Jésus dans l'épisode des Noces de Qanah que rapporte l'évangéliste Jean. L'eau que Jésus transforme alors en vin pour continuer la fête, un vin d'un nectar incomparable, est symboliquement de l'inconscient transformé en conscient, un amour humain encore assez animal qui prend dimension divine.

Jésus vient alors renvoyer le Satan. Nous, de même, devons renvoyer tous nos démons, et tout d'abord accepter de les voir, de les nommer et de travailler à leur retournement. C'est cela, la communication avec soi-même, et le commencement d'un travail intérieur. Adam, laboureur de la terre, doit travailler avec toute sa terre intérieure. Alors vient la fécondité !

Nous vivons dans un siècle où, depuis la libération sexuelle, le corps est montré partout. Le corps est exposé, vendu, commercialisé... Par les films pornographiques, de plus en plus répondus, on peut « voir » l'amour, « apprendre » l'amour ; l'acte d'amour est devenu une « chose » sans intimité, une image, un objet de consommation... Ne sommes-nous pas allés trop loin ? Cet étalage du « corps-chose » n'est-il pas dangereux au point de nous faire totalement oublier l'Esprit qui vit à l'intérieur ?

Actuellement, nous vivons du réactionnel par rapport aux interdits d'avant, mais nous sommes aussi tombés dans une autre aliénation ! Et vous avez raison, l'amour n'importe comment, avec n'importe qui, est aussi faux et aussi aliénant, si ce n'est plus, que les refoulements que dénonçait Freud. Je crois qu'il faut rendre au corps sa beauté, sa grandeur...

Le poète Novalis, amoureux de l'amour, dit : « Il n'y a qu'un temple au monde et c'est le corps humain. »

Je ne serais pas aussi absolue ! Le cosmos aussi est un temple – la Maison que j'habite... Tout peut être temple si j'y contemple la présence divine.

Le corps ne doit pas être idolâtré ; il sera transformé en corps spirituel avec la déification de l'Homme intérieur ; il inscrit dans la moindre de ses cellules toute transformation de l'être ; il est un témoin.

Alors, quelle est ta voie du milieu, celle qui chemine entre les interdits et la déification ?

C'est le « chemin qui a un cœur » dont parle l'autre poète, Daniel Pons : « Le chemin des profondeurs où chaque chose est reliée au Verbe divin qui la fonde. » Si nous ne voyons pas derrière le moindre brin d'herbe sa relation à l'archétype divin dont il procède, nous sommes dans un non-sens absolu. Avant tout, il nous faut retrouver la respiration qui unit la terre au ciel et l'Homme à Dieu.

Parce que nous ne sommes plus dans ce souffle, nous sommes dans une effroyable confusion. Coupés du monde divin, nous sommes dans la même situation que celle du déluge. *Maboul* est le déluge en hébreu. Nous sommes tellement concernés que nous en avons gardé le mot français ! Il signifie l'anarchie la plus totale – l'Homme coupé des archétypes. Celui qui rentre dans l'arche, Noé – et nous sommes tous appelés à devenir des Noé –, rentre dans le souffle, dans la respiration exaltante de la vie divine, et il s'accomplit.

Dans l'arche (notre arche intérieure), toute chose reprend sa vraie place, y compris le corps de l'Homme.

Dans un couple, il arrive que l'homme ou la femme (c'est le plus souvent la femme) ait un peu plus de conscience de la nécessité de ces noces intérieures... Une personne peut-elle, par contagion, transformer l'autre ?

Là est la grande difficulté ! Je dirais même l'Épreuve ! On peut marquer une distance avec les amis quand on ne parle plus le même langage qu'eux, mais que faire avec le conjoint quand il n'y a plus cette communication possible parce qu'on ne participe plus du même niveau de conscience ? Un vrai mariage, dans le sens sacramental du terme, devrait résister à pareille épreuve. Il est alors essentiel que l'un des époux ne fasse pas pression réductrice sur l'autre, et que cet autre, non seulement n'entre pas dans le piège du mépris, mais que son amour devienne patience, compréhension, acceptation... C'est le but de son travail intérieur que de le conduire vers un degré de conscience plus élevé encore, car tel est le chemin. Alors, en effet, plus celui-là développera cette qualité, plus le chemin se fera pour l'autre, car une sorte de « transfusion sanguine » unit les deux.

Mais si l'un des deux n'a pas « décollé » de son labyrinthe d'inconscience et qu'il ne supporte pas l'avancée de l'autre, il peut parfois être agressif, culpabilisant, voire destructeur. À ce moment-là une séparation est quelquefois nécessaire. Mais le chemin que poursuit l'« éveillé » peut aussi continuer de jouer un rôle pour la transformation de son conjoint.

Il est difficile de parler de ce sujet en termes de généralité ; seule une écoute intérieure à chacun, dans le secret de sa personne, peut dicter la route à suivre. Nul ne peut juger de la décision de l'autre, dont il est seul à être éclairé et seul responsable.

Mais quand la décision et l'attitude sont justes, ce que vous appelez « contagion » et que j'appelle véritable « transfusion » d'un sang subtil œuvre d'une manière admirable. Dans notre génération actuelle, c'est en effet la femme qui, généralement, s'éveille plus que l'homme. Il y a de nombreuses raisons à cela, de l'ordre de la nature ainsi que de la culture – pour reprendre des catégories chères à nos temps modernes. Quelquefois, c'est le cas contraire, mais en général l'homme fuit beaucoup cette exigence intérieure ; il se cache inconsciemment derrière ses fonctions familiales, professionnelles, voire « initiatiques » et sarcerdotales... Il fuit aussi la femme qui l'oblige à sortir des schémas rassurants d'autrefois.

Aujourd'hui la femme est très seule. Mais lorsque l'homme entendra enfin le message des profondeurs, l'humanité fera un grand bond. C'est la femme qui, pour l'instant, est génératrice du nouveau paradigme qu'il faut très vite mettre en place.

« La femme est l'avenir de l'homme » écrivait Aragon. Est-elle la jardinière du devenir ?

J'ai été longtemps thérapeute et je travaillais avec cette phrase qu'on trouve dans les Actes des apôtres : « L'un sème, l'autre arrose, Dieu seul fait croître. » Et si nous croyons que nous pouvons faire croître quelque chose ou quelqu'un, nous sommes vraiment dans l'illusion. Donc, continuons de semer et d'arroser, d'abord en nous-mêmes, parcourons nous-mêmes le chemin...

Parfois la femme s'exaspère facilement de ce que l'homme ne veut jamais regarder au-dedans de lui-même et fuit sans cesse au-dehors. L'attaquer de front, lui faire remarquer que ce n'est pas la bonne méthode, il fuit plus encore... Quelle attitude faut-il avoir ?

Il est certain qu'on se trompe en l'agressant... C'est par toute notre féminité, notre douceur et beaucoup d'amour que les choses peuvent se faire, mais que c'est difficile ! Quand on se trouve devant un homme qui ne comprend rien, il est difficile de ne pas être irritée et de manifester subtilité et douceur...

Entre ma génération et la vôtre, trente années d'écart. Quels sont les vrais grands changements que vous avez observés dans la vie des femmes ? Il y a bien sûr eu le féminisme...

D'après la forme qu'il s'est donnée, le féminisme est lui aussi un phénomène réactionnel. Mais, en soi, l'éveil de la femme est dans l'ordre des choses. J'ai dit dans *Le symbolisme du corps humain* que, d'une part, une synchronicité liait cette émergence du féminin à une prise en compte de l'inconscient redécouvert par Freud – les Pères de l'Église en avaient déjà parlé – et que, d'autre part, l'arrivée de l'Homme sur la Lune est un grand tournant de notre histoire. Pour reprendre une terminologie biblique, je dirais qu'« une vapeur monte de terre », qui va commencer à arroser notre sécheresse d'intellect et de cœur ! C'est pourquoi cette forme réactionnelle est en train d'évoluer vers plus de justesse. Les choses se mettent en place du fait même que la femme, par son éveil, trouve plus de justesse intérieure. Mais elle est aussi lucide et découvre les fuites, les multiples cachettes de ses partenaires ; elle est souvent amenée à prendre plus qu'elle ne le voudrait la place de l'homme à cause des insuffisances de ce dernier !

Et puis, les vieux schémas ne sont pas encore évacués. J'animais l'autre jour un stage dont un participant me dit : « Mais moi, je permets à ma femme de faire ce qu'elle veut » ! Sans commentaire, n'est-ce pas ? Il y a encore beaucoup de chemin à faire...

Oui... Aujourd'hui, on rencontre de plus en plus de femmes qui entreprennent un authentique travail intérieur, et, parfois, l'émergence de leur être fondamental demande encore une attention consciente et permanente afin qu'il ne soit plus étouffé sous le poids de la responsabilité que les hommes ont fait porter aux femmes depuis le péché originel !

Nous avons été jusqu'ici tellement identifiés à notre inconscient que, incapables de la voir et de la nommer, nous avons pris cette Ishah de la Genèse pour la femme, alors qu'elle est le « côté inaccompli » d'Adam, de chacun de nous donc, dont je vous ai parlé, c'est-à-dire l'inconscient. Dans le paradis terrestre, Adam est seul, mais un Adam Ish et Ishah, c'est-à-dire époux et épouse de lui-même à lui-même. De même, aujourd'hui, chacun de nous est seul et le serpent s'adresse d'abord à notre inconscient ; nous sommes alors piégés avant même de le savoir ! Le jeu de séduction est subtil.

Je pense à la femme d'aujourd'hui comme à la lettre *shin* de l'alphabet hébraïque : son idéogramme est un arc tendu à l'extrême avant le départ de la flèche. Son symbole est donc celui de l'extrême rétention mais aussi celui de la détente infinie. Nul ne peut dire où la flèche ira, mais elle est partie : sa course commence et l'axe dans lequel elle se dirige est celui de l'Absolu.

La femme solaire et l'évolution du couple

PAR PAULE SALOMON[1]

Au cours de son évolution, chacun est amené à approfondir son identité masculine et féminine, à s'interroger sur la qualité des relations homme-femme et sur la notion de couple. L'héritage de la conscience collective pèse de tout son poids dans les modèles proposés en réponse aux questions : qu'est-ce qu'une femme, qu'est-ce qu'un homme, qu'est-ce qu'un couple ? Comprendre ce contenu de la conscience collective, c'est aussi se donner la possibilité de regarder ses propres comportements avec plus de distance. Tout se passe comme si chacun était amené à rejouer au cours de sa vie une histoire déjà parcourue par l'humanité. Connaître le trajet ne dispense pas du parcours mais permet d'avancer plus vite et avec moins de craintes.

Le légendaire combat entre l'homme et la femme s'est cristallisé dans la formulation de guerre des sexes et personne n'échappe à cet antagonisme profond souvent souterrain, sans une transformation personnelle. Depuis trop longtemps l'homme et la femme ne parlent pas le même langage. L'image de l'un ne se superpose

1. Dernier livre de Paule Salomon : *Bienheureuse Infidélité*, Albin Michel.

pas à l'image de l'autre. Ange ou Démon, Vierge ou Sorcière, Mère ou Putain, l'homme vit la femme comme une menace et comme un besoin impérieux dans une ambiguïté Haine-Amour. La femme vit l'homme comme un oppresseur dont elle est la victime parce qu'elle s'efforce de le satisfaire, parce qu'elle tourne autour de lui et de ses besoins, s'aliène en se rendant indispensable et qu'en aimant elle se fait aimer. La négation ou l'usurpation des rôles ont entraîné des dépenses infinies d'énergie, des souffrances et des errances qui continuent d'alimenter tous les jeux. Deux êtres aveugles sur leur vérité intérieure cherchent au cours d'une vie à percer un peu de ce mystère, marchant l'un vers l'autre et se demandant mutuellement un peu de lumière.

Peut-on espérer sans naïveté excessive que l'humanité progresse au cours de cette vieille, si vieille histoire ? Tout est possible car le cerveau humain est créateur. Il faudra plus ou moins de temps mais le nouveau rapport de l'homme et de la femme constitue le prochain saut de civilisation. C'est un trait de notre époque que de ne pas se contenter de rêver des solutions idéales mais de vouloir les incarner. Épreuves l'un pour l'autre, geôliers l'un pour l'autre, libérateurs l'un pour l'autre, l'homme et la femme engagés dans un ballet aveugle arriveront pourtant parfois à crever les voiles d'illusions pour parvenir à la clairière de la conscience. La femme soumise était le portique d'une civilisation du sacrifice, la femme solaire ouvre sur une civilisation de type éclairé.

Les étapes du jeu masculin-féminin ou féminin-masculin

L'humanité a expérimenté jusqu'à présent trois types de civilisation : la civilisation de la Coupe, la civilisation de l'Épée, et la civilisation Éclairée qui est encore embryonnaire. La civilisation de la Coupe était féminine. Le temps de la Grande Déesse-Mère est encore très méconnu et pourtant les preuves archéologiques abondent. Les valeurs féminines irriguaient une civilisation pacifique novatrice. Le sens guerrier, au contraire, prédomine sous l'égide du Dieu Père, la société se structure en patriarcat, avec la domination de l'homme sur la femme et l'enfant. Cette civilisation de l'Épée est toujours en place aujourd'hui malgré des transformations importantes. Les hommes parlent, gouvernent, font la guerre et quelques femmes, encore rares, émergent sans toutefois apporter une nouvelle forme d'esprit. Pourtant, l'idée de paix gagne du terrain. Les changements profonds de société viennent davantage de la base que du sommet. Toutes sortes de courants – de la spiritualité à l'écologie en passant par toutes les techniques de transformation personnelle – grignotent une société fondée sur des rapports de domination et tentent d'établir une société de coopération, éclairée.

Ce n'est qu'avec la femme solaire, l'homme lunaire et le couple androgyne, qu'on parviendra aux prémices d'une telle civilisation. Chacun de nous est imprégné à sa manière des valeurs émanant de ces trois modes d'organisation. Chacun est amené à se comprendre et à comprendre ce qu'il vit en sachant quelles impulsions viennent de ces modèles. Un homme en plein conflit avec sa femme et qui prend conscience qu'il a exercé sur elle une grande pression dominatrice, qui désire changer son comportement, se sentira beaucoup moins coupable au fur et à mesure qu'il intégrera son expérience personnelle dans l'ensemble du modèle patriarcal. Il prendra de la distance à l'égard de ce modèle, il dédramatisera ses souffrances et ses erreurs. Il passera au stade d'homme éclairé, il comprendra intellectuellement ce qu'il peut faire même si les vieux schémas de comportement ressurgissent encore malgré lui. C'est un stade intermédiaire.

Il faut comprendre que nous sommes tous habités de la tentation de reproduire des schémas de comportement archaïques et que notre évolution individuelle n'est pas linéaire. Certains aspects de notre personnalité professionnelle, par exemple, peuvent nous permettre des relations de coopération alors que d'autres aspects de notre personnalité affective patineront encore dans une relation de dépendance ou de domination. L'examen attentif de chaque stade permet de découvrir certaines clefs.

Le couple matriarcal

Ce couple des origines qui se compose d'une femme régnante et d'un homme au service de la fécondité qu'elle représente peut se vivre dans un couple actuel au moment où la femme attend un enfant. C'est une phase transitoire et bénéfique pour chacun des partenaires, la femme se sentant valorisée et l'homme incorporant un nouveau sens à la vie. Mais certains hommes peuvent se sentir paniqués par la transformation de leur amante en mère. D'une certaine manière, l'homme adolescent a souvent pour la femme une forme d'adoration à travers tous les élans de la sexualité : « Tu es ma Déesse. » Mais le passage de la Déesse d'amour en

Déesse-Mère ne se fait pas toujours sans difficultés. D'autant que la femme peut alors se muer en *mamma* et assurer son règne et sa tyrannie sur le foyer. À ce stade il y a donc un risque de domination féminine alors que l'identité masculine reste engloutie. C'est ce risque qu'il faut connaître pour le dépasser. Tous les enfants ont à traverser la domination plus ou moins abusive de leur mère qui représente la Grande Déesse-Mère. Beaucoup de problèmes psychologiques des uns et des autres prendront racine dans ce rapport affectif primitif. Comment as-tu appris à aimer à travers la relation à maman ? Certains hommes, notamment, gardent toute leur vie une partie d'eux engloutie dans la Déesse-Mère. La peur masculine vis-à-vis de la féminité s'alimente de cette difficulté initiale de traverser la mère au moment de l'adolescence. Le stade matriarcal est un stade qui est affronté individuellement dans chaque vie et parfois à plusieurs reprises.

Le fait que la femme fasse les enfants représente toujours la grande différence entre l'homme et la femme. Tous les dominant-dominé qui empoisonnent la relation homme-femme se sont toujours situés à ce niveau. Avant d'arriver à la notion d'une coopération entre l'homme et la femme autour de l'enfant, les civilisations ont achoppé sur deux écueils : ou bien la femme a une sexualité libre, les enfants portent le nom de leur mère, et les pères ne savent pas quels sont leurs enfants ; ou bien les hommes s'assurent d'une forme de propriété sur la femme et ils peuvent développer la paternité. Actuellement notre société expérimente le début d'une troisième voie, fondée sur la coopération volontaire, en-dehors des contraintes sociales du mariage. Et un nouveau problème surgit. À qui confier les enfants en cas de séparation ? La loi tranche actuellement au profit de la mère et les hommes commencent à s'insurger et à s'organiser. On parle de matricentrage de la société.

Le couple patriarcal

Le modèle du couple patriarcal homme dominant-femme soumise est encore le modèle le plus courant dans notre société malgré l'apparition d'autres modèles. Selon le principe initial du patriarcat, l'homme règne en maître tout-puissant sur sa femme et ses enfants, sur lesquels il a droit de vie et de mort. Les trois grandes religions monothéistes justifient théologiquement cette forme d'ordre. Cette proposition « la femme est inférieure à l'homme » colore insidieusement bon nombre d'attitudes professionnelles et familiales, y compris de la part des femmes qui l'ont bien intériorisée ; d'ailleurs, non seulement elles sont inférieures mais elles sont aussi coupables, séductrices, instruments de la chair et responsables du péché. L'archétype d'Ève, qui constitue encore une part importante de l'identité féminine, est terriblement dévalorisant et lourd à assumer pour une psyché saine. Il ne reste à la femme qu'à se soumettre, à obéir à l'homme, à se rédimer dans l'image de la Vierge Marie. Son seul salut vient de cette reddition qui la fait mère et épouse, au service de l'homme et de sa progéniture. La divinité de la féminité s'est réintroduite sous la forme de la Vierge Marie dans le règne du Dieu Père mais il est important de remarquer combien cette figure est double : d'une part elle est coupée de la sexualité, elle est un modèle inatteignable pour une femme réelle – car comment être mère sans connaître d'homme ? –, et elle n'a d'existence que par le service et le don de soi absolu. Mais, d'autre part, elle est lumineuse de bonté et d'amour, elle est solaire et s'offre comme une figure universelle de compassion.

La femme s'efforce de ressembler à ce modèle de femme soumise qui lui est proposé. Mais en aliénant sa liberté elle perd en partie ce qui la rendrait désirable. La première femme d'Adam, selon le Zohar, n'était pas Ève, mais Lilith, femme indomptable qui, plutôt que de se laisser soumettre à la volonté d'Adam, a préféré partir à tout jamais. Lilith représente l'archétype de la femme libre. Toute femme porte en elle une Ève et une Lilith. Mais les épouses et les mères étoufferont en elle Lilith. L'homme patriarcal dit qu'il attend de la femme qu'elle soit Ève mais une conscience libre a besoin d'une conscience libre pour évoluer et il se met à rêver de Lilith. C'est ce qui explique la fréquence du fameux trio, mari-épouse-maîtresse. De son côté, si la femme accepte et parfois admire l'homme dominateur, elle appelle de ses vœux la rencontre avec le poète, l'homme qui saura la comprendre et la valoriser. On voit ainsi certaines femmes supporter la domination de leur mari pendant des années, jusqu'à ce que leurs enfants aient grandi, et se permettre alors une nouvelle relation qui leur révèle de tout autres aspects d'elle-même. Remarquons qu'une femme soumise développe une partie dominatrice qu'elle exercera sur ses enfants, ses domestiques ou ses subordonnés. À l'occasion, elle essaiera de prendre sa revanche ; un homme peut dominer sa femme pendant dix ans, par exemple, et se retrouver dominé jusqu'à la fin de sa vie.

Dans l'un et l'autre cas, personne n'est vraiment heureux. Dans un contexte patriarcal, l'homme et la femme sont résolument ennemis, différents. L'homme continue d'avoir peur de ne pouvoir traverser la mère et en même temps, il a peur de la révolte de l'épouse. Les épithètes dévalorisantes prolifèrent : goulue, harpie, méduse, vagin dévorant ; l'homme a une compagne en plein désarroi. Chacun commence alors à penser qu'il ne trouve pas chez l'autre ce qu'il cherche.

Inévitablement le couple patriarcal devient conflictuel. Chacun joue sur le théâtre de la conscience une peur majeure héritée de l'enfance et on a vu que cette peur n'est pas la même chez l'homme et chez la femme. Chacun projette sur l'autre des identités qu'il ne veut pas accepter pour lui. C'est toujours l'autre qui est l'égoïste, l'insensible, l'obsédé, etc. Chacun s'enferme dans le « J'ai raison, tu as tort » sans possibilité d'établir un pont de communication réelle.

Le couple conflictuel

La femme est en situation de révolte et l'homme, se sentant menacé, adopte un comportement plus tyrannique. La révolte et le conflit ne débouchent pas toujours sur un changement de situation. Trop souvent le jeu bourreau-victime s'installe, la révolte féminine veut rester souterraine et larvée, le climat familial s'empoisonne insidieusement et les deux partenaires prennent goût à une intensité perverse.

La situation de la femme dans l'amour correspond souvent à une mystification. Elle adopte vis-à-vis de l'homme une attitude de dévotion, de sublimation narcissique. Elle veut aimer et se faire aimer par un dieu pour participer de sa divinité. C'est une façon pour elle de se mettre au centre du monde. Elle crée un amour oblatif dont elle est la victime consentante. Comme cet amour narcissique est un parasitage de conscience, il révèle finalement son erreur par des souffrances. Le dieu tombe de son socle et la femme qui n'aime plus se retourne contre elle-même. On entre dans le « Je ne peux pas vivre sans toi, je ne peux pas vivre avec toi » bien connu. Le couple s'installe alors dans le manège effrayant du sado-masochisme. Nous connaissons tous de vieux couples qui se haïssent, qui vivent un rapport de forces, et qui ont pris goût à cette intensité négative qui leur paraît préférable à la solitude. La femme révoltée adopte un comportement stérile de récriminations sans fin. L'homme dominant se fait de plus en plus tyrannique. Tous deux sont de plus en plus malheureux et coupés d'eux-mêmes.

Il existe heureusement une solution qui consiste à s'adresser à l'intelligence pour comprendre et exercer une maîtrise sur des comportements d'origine inconsciente. Le couple conflictuel évolue en couple éclairé.

Le couple éclairé

La relation dominé-dominant est alors en voie de dépassement par le jeu de la prise de conscience et de la bonne volonté. C'est sans doute à ce stade que se produit pour les individus comme pour les sociétés un tournant décisif. Tout le travail de la psychanalyse, de la psychothérapie et toutes les techniques d'éveil en général se fondent sur la possibilité de ce passage. Chacun commence à reconnaître que son conflit extérieur avec l'autre a ses racines dans un conflit intérieur avec lui-même : c'est le début d'une transformation profonde. On quitte le « Tu m'empêches de faire ce que je veux » et on comprend qu'on choisit l'autre pour se donner des limites. Chacun s'efforce de reconnaître le niveau de sa projection sur l'autre. Chacun apprend à transformer le négatif de son histoire en positif. Le couple éclairé comprend qu'il a commencé avec un désir de symbiose, qu'il a découvert la différence et qu'il peut maintenant apprendre à s'enrichir de cette différence et retrouver une autre forme de symbiose. Mais les limites de ce couple éclairé, c'est de savoir intellectuellement les choses et de ne pas parvenir à les appliquer. Beaucoup de femmes s'efforcent de conquérir une autonomie financière et une autonomie de pensée mais beaucoup restent « penchées » affectivement, développant une forme d'amour qui les décentre, les déstabilise et finalement les détruit. Beaucoup d'hommes affichent des désirs de respect de la femme mais continuent de dominer subtilement : les intellectuels, les politiques, les chefs en général, petits et grands, sont de ceux-là. Très peu de consciences aujourd'hui ont un regard sur la profondeur de ces conditionnements, sur l'obstacle qu'ils représentent pour un véritable changement de société.

Le couple solaire-lunaire

Le couple solaire-lunaire réunit deux êtres déjà évolués. L'homme est passé de sa composante extérieure solaire à une composante intérieure lunaire et féminine ; c'est l'homme lunaire. La femme est passée de sa composante extérieure lunaire à une composante intérieure solaire et masculine ; c'est la femme solaire. Ce processus de complétude individuelle est en cours et il correspond au mythe de l'androgyne.

Ce couple solaire-lunaire, qu'on pourrait aussi appeler le couple androgyne, réunit deux êtres qui ont pris conscience d'eux-mêmes et de leurs besoins, qui tentent de s'aimer eux-mêmes tout en aimant l'autre. Il semble que notre époque permet ainsi l'émergence d'un modèle de couple qui ouvre une trame de paix entre le masculin et le féminin. Il serait très intéressant de pouvoir chiffrer combien de couples se considèrent comme étant entrés aujourd'hui dans ce nouveau modèle. La guerre millénaire des sexes chercherait-elle une voie d'apaisement à travers des sensibilités nouvelles ?

Il faut reconnaître que jamais homme et femme n'ont disposé d'aussi bonnes conditions par la multiplication des terrains de rencontre et des goûts communs. Les deux sexes ne vivent plus dans des cercles séparés mais peuvent pratiquement tourner sur le même cercle d'activités et de loisirs s'ils le désirent. L'homme et la femme ne se ressemblent pas, ils gardent toutes leurs différences mais ils jouent davantage ensemble, ils se comprennent davantage, ils ont moins peur l'un de l'autre. Ils sont amis et amants et on n'a pas encore assez réfléchi sur l'importance de cette amitié, de cette confiance éventuelle qui s'établit quand on sort du biologique et qu'on s'élève vers plus de conscience.

On pourrait dire que les générations actuelles des vingt-trente ans bénéficient d'un meilleur climat général et que leurs aînés qui ont formé des couples androgynes sont une petite minorité. Mais rien ne garantit pourtant l'évolution de ces jeunes couples qui n'ont pour seul guide qu'une sorte d'instinct du bonheur. Ils se connaissent très peu eux-mêmes et ne disposent d'aucune information pour se diriger individuellement et en tant que couple. Ils vont bricoler en aveugles et rencontrer bien des obstacles à leur entente. Les combats et les souffrances vont ressurgir malgré les bonnes dispositions du départ. La conscience et l'évolution sont nécessaires pour la constitution d'un véritable couple solaire-lunaire.

Les caractéristiques de ce nouveau modèle

Les deux partenaires sont solitaires et solidaires, ils vivent une complicité complémentaire sans rechercher une fusion névrotique. Ils cultivent l'art de rester indépendants tout en étant unis à l'autre.

La rencontre des corps s'accompagne d'une rencontre des âmes. La tension érotique se double d'affinités esthétiques, de complicité de cœur et d'esprit. Toutes les joies sensuelles et culturelles sont redoublées par la présence de l'autre. Il ne s'agit plus de conquête ou de combat mais d'ouverture des cœurs et de fusion des âmes. Cet art de vivre à deux dans l'intimité et la complicité n'épuise pas la relation sexuelle ; dans la mesure où l'autre affirme une liberté qui se transforme, dans la mesure où rien n'est acquis, la rencontre reste vivante. L'intériorité et l'authenticité qui s'engagent dans l'acte d'amour s'approfondissent et se diversifient à l'infini. Il n'est pas question de perdre tout désir pour son partenaire parce qu'on l'a « possédé » et que la tension accumulée dans l'attente s'est dispersée. Le couple androgyne cherche des accords intimes et subtils qui s'inscrivent dans la durée, il explore toutes les composantes de la bipolarité et joue alternativement de l'activité et de la passivité.

Dans cette symbiose du couple vécue parfois étroitement, amour de soi et amour de l'autre s'emboîtent et dialoguent. La connaissance de soi et le désir d'aller jusqu'au bout de soi-même, d'explorer ses limites, font partie de la relation. Plus de notion de sacrifice. Chacun cherche un épanouissement personnel aussi complet que possible et une autonomie intérieure qui lui fait préférer la solitude à un compromis castrateur. L'autre ne passe plus avant mais *avec* soi.

Les enfants sont une continuité créatrice pour le couple mais non pas l'acte créateur de base. On ne reste plus ensemble par habitude ou « pour les enfants » mais parce qu'on est heureux ensemble.

La réussite d'un tel couple demande d'investir beaucoup d'énergie dans la relation, de la considérer comme une œuvre à part entière, d'y apporter de l'attention, de l'imagination, de la créativité au quotidien. En retour, les deux partenaires découvrent, non sans un certain émerveillement, le bonheur d'une fraternité d'où le désir n'est pas exclu, d'une symbiose qui satisfait le désir toujours latent d'une fusion première. On peut materner l'autre sans despotisme et se laisser materner sans abus. Savoir recevoir et savoir donner. Tous les jeux sont permis à condition qu'ils restent des jeux, des situations en mouvement dans lesquelles on peut entrer et sortir.

La femme solaire et l'homme lunaire ont l'un pour l'autre tous les visages de l'amant-amante, père-mère, fils-fille, etc. Ce couple androgyne constitue le pilier de base sur lequel peut s'édifier une civilisation éclairée. Il est notre responsabilité et notre chance.

(H)éros y es-tu ?

PAR JACQUELINE KELEN [1]

Au secours ! Barbe-Bleue, Don Juan, Gauvain, Roméo, Hercule, Riquet à la houppe ! Ne disparaissez pas dans la forêt des contes et des mythes. Les femmes ont encore envie d'être désirées, aimées, convoitées, protégées, étonnées. Elles ont encore envie d'aimer, d'admirer les hommes (au moins un), et les séduire, les troubler, les émerveiller. Hélas...

J'ai de plus en plus de mal à me fier aux mythes et aux légendes. Je croyais qu'ils pouvaient nous indiquer un chemin clair. Aujourd'hui pourtant, je suis forcée de constater que les mythes du couple ne peuvent s'incarner car une des parties est défaillante, manquante (et ce n'est pas toujours la partie masculine) ; je constate que l'époque moderne, urbanisée, a standardisé hommes et femmes, a fait d'eux une espèce mixte, unisexe, *ready-made* et pré-mâchée (bientôt lyophilisée). Je déplore que la réalité ne cesse de démentir et de détruire le rêve : éternelle plainte des inadaptés sociaux, des dinosaures lyriques ?

1. Jacqueline Kelen a publié, entre autres, *Aimer d'amitié*, Robert Laffont, et *Marie-Madeleine, un amour infini*, Albin Michel.

Je vais vous donner des exemples. Si j'évite les rôles, très nombreux, de femmes abandonnées, humiliées, massacrées – les Didon, Eurydice, Ariane, Jézabel... – qui, dans les mythes et les contes, vais-je trouver qui convienne à mon destin de femme ? À quelle figure vais-je faire appel pour incarner personnellement mon éternel féminin ?

J'aime bien Shéhérazade, elle est belle et courageuse, sait user de la parole et de ses connaissances pour séduire un tyran misogyne, Shariar. Mais voici : les femmes intelligentes, celles qui parlent, parlent toujours trop selon les hommes et ne sont pas de tout repos. Aujourd'hui, les hommes éviteront les conteuses, du reste ce sont eux, les colloqueurs, les maîtres-prêcheurs, et les femmes, voilées ou non, n'ont qu'à les écouter humblement.

Je saute les siècles et je m'imagine femme fragile, vulnérable, disons Jane. Mais Tarzan ne m'offre pas son épaule secourable, sa force rassurante : aujourd'hui, il se produit dans les stades, montre ses muscles aux jeux Olympiques. Et à une Jane tremblante, décontenancée, il lance : « Vous, les femmes, vous avez voulu votre indépendance ! Vous devez désormais assumer, ou faire du body-building... »

Tentons la séduction, jouons Salomé, la reine de Saba, la grande amoureuse. Mais l'homme, qui devant une femme fatale se voit déjà découpé en rondelles ou privé de sa virilité (cf. les Osiris, Abélard, Jean-Baptiste et Samson), connaît désormais la musique : il préfère à une visite enchanteresse sa navigation sur le Web ou ses cassettes vidéo ; et plutôt que de répondre aux énigmes posées par la reine des Sables, Salomon exerce ses neurones avec son cher ordinateur.

Et si j'étais le Chaperon Rouge ? Touchant, non ?

Innocente, ingénue, mignonne à croquer... Mais le loup est devenu végétarien, il sublime ses instincts, il est presque parvenu à l'ouverture de son sixième chakra : le Chaperon Rouge n'est, bien sûr, qu'une ombre de Maya. Les autres loups, qui ont conservé leurs instincts vitaux, sont en voie de disparition (ils ont rencontré l'homme, qui est un loup pour...).

Revenons aux temps chevaleresques, troubadouresques. Je suis une dame courtoise, une muse, une inspiratrice. Je pourrais m'appeler Guenièvre, ou Dulcinée. Mais Lancelot ne se bat plus pour les couleurs et l'amour de sa dame ; désormais, il est sponsorisé ; il roule (chevauche) pour Marlboro, Adidas ou William Saurin. Quant aux poètes et Don Quichotte, ils savent depuis quelques années qu'il vaut mieux courtiser les ministres et les politiciens, obtenir une aide, une avance sur recettes du ministère de la Culture que de s'inspirer de sa Belle en toute gratuité.

Bien. Je ne tenterai plus rien. Je vais attendre, patiemment, dans l'ombre ou dans la nuit. Je me ferai Cendrillon, Pénélope, Peau d'âne, Belle au bois dormant. Je me cacherai et, bien sûr, comme c'est écrit or sur bleu dans les contes, « il » me trouvera, il viendra me chercher, me délivrer, m'épouser... Mais le Prince charmant n'arrive pas : il est lui-même bien fatigué, passablement amorti, il a déjà tant de soucis à son bureau, avec ses placements bancaires et ses plans d'épargne, il chouchoute d'abord son automobile, il lustre sa propre carrosserie. Le travail, l'argent, l'activité, voilà des choses sérieuses. Le Prince charmant est un battant, ses princesses s'appellent OPA, Sicav, PME, start-up...

Alors je parie sur le couple uni, fort comme la mort, je serai la femme d'un seul homme, d'un seul amour. Me voici Yseult, Juliette, Sita, Baucis. Ni vous sans moi, ni moi sans vous. Je meurs ou je m'attache. Tu es pour moi le monde, etc. J'irai même crânement jusqu'au mariage. Mais ici deux obstacles : Tristan, Rama, Philémon estiment aujourd'hui que soit le mariage est une chose tellement importante que cela demande toute une vie de réflexion ; soit que la formalité est tellement légère, sans importance, que ça n'en vaut même pas la peine. Obstacle supplémentaire au rêve de couple uni, plus fort que la mort : le discours psy. Ces braves âmes nous ont tellement répété que le fusionnel, c'est l'horreur, qu'être amoureux à ce point-là, c'est névrotique, qu'Yseult se prend pour une vampire, que Baucis fait chambre à part et que Juliette retourne chez papa-maman.

Allons donc carrément du côté des fées. Endossons la robe de poisson de Mélusine, et proposons à un homme un amour secret, sacré. Hélas, le mortel Raymondin se moque bien aujourd'hui d'aller découvrir Mélusine en son bain : il est rassasié de nudités, de seins, de cuisses, de publicités et magazines déshabillés. Il a perdu le sens du mystère. Mélusine ne peut survivre dans un monde de repus.

Si les mythes tombent en miettes, que vivre désormais, si l'on sent encore son cœur battre ? Qu'inventer, si le rouleau compresseur n'a pas laminé tout espoir ? Faut-il mettre de l'eau dans son champagne ou, tout de suite, se mettre au régime sec – à savoir, se passer des hommes, régler une bonne fois ce problème récurrent ? Oui, je pourrais vivre en béguine, en renonçante, en sœur humanitaire, en philosophe hautaine, plus tard en androgyne accompli(e). Oui, mais : je me priverais de grandes joies, de grandes invectives, de grands désespoirs, de grands tracas, de grands étonnements, si la gent masculine disparaissait de mon existence.

Il y a toutefois un rôle féminin qui tient bon à notre époque, que les femmes peuvent tenter à coup sûr auprès de nombreux hommes : la Maman, la Nounou. Il ne s'agit pas tant d'assurer de bons petits plats, une maison agréable, un confort affectif, une tendre sollicitude : il faut être le parangon de l'Amour inconditionnel à l'égard des hommes : pas de critiques, pas de récriminations, pas de plaintes, pas de scènes, aucune revendication et assez peu d'exigences. Aimer l'homme d'un amour donné une fois pour toutes, un amour énorme, incommensurable, à toute épreuve, jamais remis en question. L'aimer comme aime Dieu la Mère.

J'aimerais proposer une relation nouvelle, joyeuse et fraternelle : l'amitié avec un homme. La sexualité et le sentiment amoureux ont déjà fait beaucoup de dégâts et brouillé plus de pistes qu'ils ne nous ont rapprochés, femmes et hommes. Sur ce point, le mythe reste muet : l'amitié entre homme et femme est à inventer, elle n'a pas de modèles dans les contes. Il va falloir se frayer un chemin, clair assurément, entre peur et pouvoir, entre désir et rejet, entre illusions et idéal. Il va falloir aimer la liberté de l'autre, et d'abord vouloir la découvrir. Cela prendra du temps, mais l'amitié n'est pas pressée : elle sait que, homme et femme amis, nous vieillirons ensemble.

Et puis, il y a le rire, l'humour, qui sont amour de la vie, générosité, ouverture, qui font la légèreté et l'élégance d'une existence qui se sait éphémère. Rire, faire rire et sourire, c'est une façon – et non la moindre – de faire passer la vie. Et la vie, c'est une spécialité de femme, après tout.

Seuls ensemble

ENTRETIEN AVEC JEAN LETSCHERT [1],
MENÉ PAR NATHALIE CALMÉ

Une des plus grandes problématiques dans le couple est celle de la responsabilisation. Une des responsabilités, autant primale que terminale, est d'être responsable de ce que l'on est et non d'en responsabiliser l'autre.

Nathalie Calmé : *Comment la vie de couple devrait-elle être vécue pour devenir un apprentissage, une voie de transformation intérieure et non une source de souffrances et de dépendances ?*

Jean Letschert : Rendre l'autre responsable de ce que l'on est est un réel détournement de la responsabilité, non pas de l'un vis-à-vis de l'autre, mais de l'un vis-à-vis de l'humain, qui fait que tout devient perverti. L'autre problème est qu'à partir du moment où l'on dit « Je t'aime » on crée une espèce de pacte tacite qui court-circuite l'autre, l'attention de l'autre, le besoin affectif de l'autre, l'évolution sentimentale de l'autre. On polarise absolument tout sur ce contrat du « Je t'aime » qui fait que l'on trace un cercle entre l'autre et moi. L'évo-

1. Peintre, écrivain et éducateur en Inde.

lution de l'un et de l'autre devient complètement viciée par cette relation exclusive. Il ne faut pas oublier que le couple n'existe pas devant Dieu. C'est l'individu qui existe devant Dieu, et l'individu a une responsabilité devant lui.

Nous sommes dans une tradition où nous sclérosons la relation de couple : « Quand on rencontre un être c'est pour la vie ! » Alors que la rencontre d'un être, sans la vouloir éphémère, peut être un passage de transformation qui a un certain temps, une certaine durée, une certaine énergie... et quand cette énergie arrive à sa finalité, eh bien, le couple se termine aussi.

Le couple peut durer si ses deux éléments ont un respect mutuel envers ce moment pur et éternel de leur développement. Mais à partir du moment où l'on oblige l'autre à s'immobiliser dans ce petit pacte, réduit, temporaire, ça peut devenir terrible et je crois que le grand traumatisme de la plupart des couples est là. L'emphase sur l'attachement devient presque du « fétichisme émotionnel ».

Pourquoi sommes-nous si possessifs envers l'être aimé ? De quelle peur fondamentale sommes-nous prisonniers ?

Je crois que, lorsqu'on parle du couple, on rejette a priori la notion de solitude. On a une conscience un peu monolithique, linéaire, non complète, qui nous fait dire : « S'il y a couple, il n'y a pas solitude. » C'est un parti pris tout à fait faux. De la notion de couple, on ne peut pas s'extraire de toutes les autres ambiguïtés de la vie : la solitude, le détachement, le refus de se laisser absorber, etc., qui sont des entités individuelles.

« Individu » veut dire « indivisible ». Et si l'on veut

que le couple soit indivisible, il faut accepter que les deux individualités qui forment le couple soient elles aussi un couple intérieur : féminin et masculin. L'idéal est de pouvoir réaliser l'androgynie tant mutuelle qu'en nous-mêmes. Alors, le couple peut être un véritable cataclysme alchimique qui peut faire gagner du temps, considérablement, sur la voie spirituelle. Le plus difficile, dans la relation de couple, c'est l'apprentissage de la synchronicité.

Un homme et une femme qui vivent ensemble doivent être à l'écoute de ces moments où le masculin et le féminin prédominent chez l'un ou l'autre. Par exemple, en Inde, certaines tâches sont féminines, yin, et d'autres masculines, yang. La cuisine est une fonction sociologique, psychologique, yin. Les déesses nourricières sont féminines.

Il y a des femmes qui ne sont pas cuisinières, parce que leur yang, leur côté masculin, est prédominant dans ce domaine-là. Si un homme s'en tient à sa masculinité et entre, à ce moment-là, en compétition avec son épouse en disant : « Ce n'est pas parce que tu ne fais pas la cuisine que je dois la faire », il crée un problème. Donc, cette éducation de la synchronicité se développe en faisant un travail de spéléologie au-dedans de soi-même pour découvrir la manière dont nous fonctionnons réellement. Il faut être à l'écoute de soi-même et de l'autre.

Dans les textes tantriques, Shiva et Shakti ont des querelles amoureuses archétypales. Shiva et Shakti ont deux enfants. Shakti a procréé Ganesh sans l'intervention directe de Shiva et Shiva a créé, par son troisième œil, Subramania, sans l'intervention explicite de Shakti, pour symboliser en fait cette autonomie et ces caractères individualistes que l'un et l'autre ont depuis la nuit des temps et jusqu'à la fin du monde. Il ne faut pas oublier, dans une relation de couple, cette notion de « seuls ensemble » qui est essentielle.

Je voudrais aborder la question de la quête spirituelle, car nous sommes à une époque où le terme « spirituel » est utilisé à tort et à travers, souvent galvaudé, on y trouve tout et n'importe quoi.

Aussi, la quête spirituelle, à laquelle les pratiques du tantrisme participent, n'est-elle pas souvent une attitude matérialiste détournée qui consiste à vouloir posséder plus encore : plus de pouvoir, plus de sensations, plus de perceptions ; n'est-ce pas le contraire de l'Amour véritable dont vous dites dans votre livre, le Temple intérieur, *qu'il (Éros) est « l'incarnation de l'imprévu autant que de l'inévitable » ?*

Nous sommes en pleine civilisation faustienne en Occident. C'est un des grands drames de la spiritualité occidentale : la spiritualité est aux mains des technocrates spirituels. C'est-à-dire que l'on fait quelque chose en vue d'un produit, d'une finalité. Le tantrisme dit : « Faire simplement pour la beauté », c'est l'art pour l'art, un peu comme le rosier fait ses roses... Tout le monde est heureux quand la rose fleurit, car c'est ce que le rosier a à faire.

Et aimer une femme devrait être un acte rituel. Aimer sur le plan sexuel est quelque chose qui se fait depuis l'aube de l'humanité et qui se fera jusqu'à la fin des temps, donc qui correspond à un état de conscience dans l'esprit de Dieu puisqu'il se perpétue... et il ne peut se perpétuer que dans une scénographie mythique qui est un acte gratuit ! Cette ritualisation, et les différents actes gratuits qui constituent la vie spirituelle, sont des choses qui se sont complètement perdues dans notre monde contemporain.

Alors, qu'est-ce que la quête spirituelle non pervertie ?

La quête spirituelle consiste à rendre présente la transcendance. Les hindous disent que Dieu est partout, c'est notre ignorance qui fait qu'on ne le voit pas. Donc, Dieu est quelque chose de fondamentalement réel. Il y a une matière, à côté de nous, il y a tout ce qui vit et Dieu est dans la présence. C'est la transcendance qui descend dans cette chose moléculaire, matérielle, qui fait qu'elle est là.

La vie spirituelle, c'est tout simplement de devenir de plus en plus présent à cette matière divine. Et quand on serre un corps contre soi, on devrait avoir conscience qu'à travers ce geste, ce toucher, on fait descendre la présence de l'Esprit... Et si l'homme est incapable de faire ça, ce n'est pas la peine de faire des milliers de kilomètres pour aller voir un gourou à l'autre bout du monde et de revenir avec des fantasmes de spiritualité ou des envies d'aller au-delà, etc.

La fusion entre deux êtres, à ne pas confondre avec la pulsion qui n'est que le besoin libidineux de jouir et se sentir unifié dans le plaisir, participe de cet état d'ouverture vers l'Universel...

La femme et le prêtre

PROPOS RECUEILLIS PAR HUGUETTE GUERMONPREZ

Par une étonnante coïncidence, quatre femmes se rendent compte qu'elles ont suivi, chacune de son côté, une démarche similaire vers un prêtre, en qui elles ont aussi reconnu un homme.

Quatre femmes ont été confrontées presque nez à nez à l'« incarnation de l'amour sur terre », exprimé à travers les yeux de prêtres, croisés « par hasard ». Trois de ces femmes sont allées rencontrer le même sublime vieux prêtre d'une banlieue ouvrière du Nord, avec une identique nécessité de lui parler, d'échanger avec lui – comme une urgence. Elles ne se connaissaient pas entre elles, et c'est bien plus tard qu'elles ont découvert, stupéfaites, qu'elles avaient, chacune de son côté, fait la même démarche, même rapide aller-retour en train.

Pour la quatrième femme, que nous aimerions vous présenter en premier, la rencontre avec un autre prêtre, du Midi celui-là, a été si puissante que toute sa vie en a été bouleversée. Élevée dans la foi chrétienne, Danièle s'en était classiquement éloignée à partir de l'adolescence. Après une recherche fiévreuse, sa quête la mène finalement au bouddhisme, dont la philosophie et les rituels lui conviennent. Mais voilà qu'à l'été 2001, en vacances chez sa mère avec sa fille de seize ans, elle se plonge dans la Bible, qu'elle n'avait jamais lue et qui la révolte. Trop violent, trop humain. Elle en parle avec plusieurs chrétiens, sans qu'aucun parvienne à atténuer sa colère. C'est alors qu'elle tombe sur le père Didier, un prêtre d'une quarantaine années qui, à ses yeux, représente soudain le Christ. En un instant, toute sa vie va basculer...

« Je l'ai rencontré au cœur de l'intime »

Danièle L.

Il m'a simplement dit : « J'ai tout mon temps, voulez-vous que nous parlions ? » J'ai répondu : « Non, pas maintenant, mais je redescendrai de Paris vous voir. » Il n'a pas insisté. Son visage était paisible, apaisant. Il avait un sourire simple, doux, serein. Encore quelques mots et il est parti.

À cet instant précis, « le ciel m'est tombé sur la tête ». J'ai éclaté en sanglots. J'ai pleuré toute la journée, toute la nuit, tout le lendemain. J'ai pleuré durant des jours, des nuits. Je m'éveillais en larmes. Cela a duré des semaines... et dure encore aujourd'hui. En rentrant à Paris, j'étais en grand bouleversement. Je suis entrée bien des fois dans des églises, où je pleurais pendant des heures. Je devais retourner voir ce prêtre. Il le fallait.

C'est alors que maman m'a appris que le père Didier quittait le village pour se retirer dans un lieu de retraite.

Tout d'abord, je fus anéantie. J'ai immédiatement téléphoné à Rimpotché, mon maître bouddhiste, pour lui conter mon histoire et lui demander son aide. L'ouverture des sages bouddhistes est infinie. Il m'a dit d'aller jusqu'au bout de ma quête, d'aller voir ce prêtre. Il m'a redit que je n'avais pas choisi de naître par hasard sur cette terre chrétienne et dans cette famille-là, avec cette mère-là ! Et que, sans doute, ce prêtre était mon vrai maître. Bref, je devais aller plus loin. J'ai donc demandé l'adresse du prêtre et lui ai écrit que je souhaitais venir le voir dans sa retraite. Il a accepté. C'était le 1er novembre 2001. Les cinq heures passées en sa compagnie ont véritablement changé ma vie et fait jaillir en moi la foi. Si Dieu avait des « vues sur moi », il savait bien qu'il devait m'envoyer un apôtre, et pas n'importe lequel. Il savait que je ne serais pas capable de faire seule le chemin, et que j'avais besoin d'un guide « solide ». Solide en matière théologique, dialectique, sémantique ; et solide dans sa foi. J'avais besoin d'une rencontre avec un prêtre à la foi exigeante, intransigeante même, mystique, lumineuse. Le père Didier réunissait tout cela à la fois. Depuis novembre, je suis allée le voir à différentes reprises et lui ai beaucoup écrit. Ainsi avons-nous commencé une relation épistolaire, complétée par des conversations téléphoniques et par mes visites. Jamais encore je n'avais songé au Christ, et moins encore à sa représentation physique.

Lorsque le père Didier m'est apparu, il m'a soudain semblé comme une évidence qu'il était son image. Charisme ? Lumière ? Particulière douceur du visage et du sourire ? Je le regardais et pensais – chaque fois davantage – qu'il portait la « Vérité » comme le saint sacrement. Des prêtres amis de maman me disaient : « Vous êtes séduite par Didier. » Je répondais par des passages de la Bible où il était reproché à Jésus de « séduire ». Bien sûr, j'étais séduite : comme les femmes qui approchaient Jésus, comme ses apôtres, comme des milliers de gens qui l'approchaient.

Comment le désir peut devenir un « non-problème »

Considérant ma longue vie passée, je suis la parfaite pécheresse – la Samaritaine et Marie de Magdala à moi seule ! D'autant plus grand était mon questionnement. Étais-je tout simplement « tombée amoureuse » de ce prêtre ? S'il est vrai qu'il était « mon frère » (même exigence de pureté, même rébellion face à l'ordre établi, y compris celui de l'Église, même intransigeance face au « péché », au petit autopardon que l'on s'accorde, au quotidien, pour nos insuffisances... et qui, de médiocrité en médiocrité, finit par faire de nous de « grands pécheurs »), il était aussi un homme, avec un immense regard vert qui vous rentrait dans l'âme et ne vous lâchait plus. Et si, au début, je ne pouvais l'appeler que par son prénom, bientôt s'est imposé à moi le caractère sacré de « mon père ».

Qu'allais-je chercher auprès de lui ? Il disait lui-même : « Pour aimer, nous avons besoin de la matière ; après seulement nous pouvons transcender ; mais ce chemin, nous devons le faire. » A-t-il perçu mon trouble, partagée que j'étais entre le regard sur l'homme et celui sur le religieux ? Assurément. Pourtant, il ne s'est jamais dérobé lorsque j'ai parlé de sexualité, de la notion de plaisir, de la chasteté et de l'abstinence. Bien au contraire, il s'y pliait tranquillement, m'expliquait simplement comment l'abstinence, par la grâce de la foi, était de l'ordre de l'évidence, devenant alors un « non-problème ».

Le beau travail de réconciliation avec les hommes

Lorsque la femme que j'étais encore alors poussait plus loin le questionnement, il me répondait, en plongeant son regard clairement en moi, que c'était là le « mystère de la foi ». Si je lui parlais des prêtres qui... des prêtres que..., il me répondait parfois : « Si peu de prêtres sont appelés ! » Il disait de l'Église : « Par ses problèmes mêmes, et par ceux que j'y rencontre, elle est un véritable chemin de sanctification. » J'allais vers lui le cœur et l'âme en trouble, et je trouvais instantanément à son contact la paix et la pureté.

Tout au long de ma vie, mon arme absolue a été le manque de respect et même le mépris que m'ont inspirés les hommes (oui, madame la psy, je devine votre pensée !). Or, mes premiers pas sur le chemin de la grâce, je devais les faire sur le thème du renversement de ces sentiments si négatifs et tellement ancrés en moi. Ici réside l'élément fort de son travail et de notre relation. À travers le respect infini que j'ai de lui, à travers la confiance totale que j'ai en lui, à travers tout simplement l'exemplarité, j'ai commencé le beau travail de la reconsidération de tous les hommes. Un chemin de pardon (aux hommes et à moi-même), un chemin de non-jugement, et doucement un chemin d'Amour.

Parce que j'avais fait un jour référence à l'Évangile de saint Jean : « Seigneur, donnez-moi de votre eau afin que je n'aie plus soif... », il m'a dit que nous nous étions rencontrés sans doute, tous deux, au bord d'un puits, « comme Jésus et la Samaritaine », mais ajoutant : « Le thème de notre entretien est le culte en esprit et en vérité ; le puits est le symbole des Écritures saintes et de la sagesse. » Avec lui j'ai entrepris une construction qui a nom « conversion ».

Je regarde aujourd'hui ma vie passée comme en dehors de moi ! Et je n'aurai aucune difficulté, lorsque le moment sera arrivé, à faire acte de repentance et à désormais envisager ma vie « autrement ». Ainsi, je comprends au plus profond de mon cœur le terme qui lui est cher : « mourir à soi-même ». Quel que soit le grand intérêt que je porte à mon travail et au rôle que j'ai à y jouer, je ressens dans le cœur de mon cœur que je ne suis plus vraiment « de ce monde ».

Tout au long de ma vie de femme (quoi qu'elle ait pu être), j'ai toujours eu la « chance » de croiser le chemin d'êtres exceptionnels. Rimpotché, véritable figure d'amour et de compassion, en fut l'un des plus magnifiques. Ne me manquait qu'une chose, une seule : la foi. Je l'ai trouvée, elle m'a été envoyée par l'intermédiaire du père Didier. Mais il a réussi – et je pense que lui seul le pouvait – à me guider pour en faire non seulement une révélation, mais un véritable chemin de vérité. Ce chemin de grâce devait forcément passer par l'homme ; là était la pierre d'angle ; par là pourrait venir la rédemption.

S'il dialogue avec Dieu (ce dont je me prends à ne pas douter), il sait le rôle qu'il a à jouer dans ma conversion. Et s'il rit franchement lorsque je lui dis que Marie-Madeleine est ma « frangine d'amour », il n'en est pas moins très sérieux lorsqu'il me répond que chez lui « l'homme et le religieux ne font qu'un ».

Nos conversations, comme nos lettres, s'approfondissent, s'enfoncent au cœur de ce mystère : comment rencontrer Dieu au travers d'une incarnation qui refuse ce que le monde a de mauvais ? Et s'il me reste bien du chemin à parcourir avant d'aller au bout du bout de ma conversion, je sais que sur cette route je ne chemine pas seule. Je considère que le père Didier est un être de véritable lumière, qui n'en finit pas de m'éclairer.

« Le sourire du Christ m'a rendue femme »

Fadila Semaï et Huguette Guermonprez

F.S. : Moi, c'est son sourire qui m'a menée jusqu'à lui. J'ai vu une photo et j'ai été subjuguée. C'était aussi, derrière le prêtre, l'homme qu'il incarnait. Un homme pourtant âgé de quatre-vingt-deux ans. Mais quel homme !

H.G. : Pour moi, la rencontre fut plus progressive, et pourtant évidente. Si tu cherches aujourd'hui les visages du Christ, le visage universel du Christ, eh bien, le père P. en est un !

F.S. : Sur le chemin de la vie d'une femme, c'est un grand cadeau. Je sais que cela restera une des figures de ma vie. En trois heures de temps, une grande rencontre s'est faite. C'était une rencontre d'amour. On ne se pose pas la question, on a l'amour en face de soi.

H.G. : C'est un amour que l'on pourrait qualifier de platonique entre un homme et une femme. Mais c'est aussi une rencontre « charnelle », dans le sens de « ressentie dans une chair de femme ». Le regard qu'il a posé sur moi m'a donné la certitude que j'étais aimée, et donc que je pourrais l'être encore.

F.S. : Ce prêtre, c'est l'interrogation que nous portons tous en nous, plus ou moins consciemment. Il m'a permis de croire que l'amour était possible, par l'espérance qu'il a éveillée en moi quand je l'ai vu. C'est la réflexion que je te livre des mois après : sur l'instant je n'ai rien compris, rien analysé.

H.G. : En même temps, c'est un échange : toi aussi, tu sens que tu lui apportes quelque chose, et cela te fait devenir belle. Tu es belle par le regard d'un homme sur toi. Tu es une âme blessée et le regard d'un homme aimant, compatissant, te soigne. Il pleure avec toi, il est là, et pourtant ce n'est pas une confession. Sa question : « C'est quoi, ta vie ? » est un grand cadeau. Tu comprends que ça n'est pas fini, que ça continue.

« L'amour inconditionnel est si rare »

Corinne Marquis

Il y a d'abord eu son regard, d'un bleu vert délavé parce qu'il n'est plus tout jeune. Quand il me regarde, je me sens vue et accueillie de manière vraiment inconditionnelle, et cela me touche profondément. C'est si rare. Quand il sourit, ça s'ouvre tout grand, et quand il m'accueille, je le sens totalement présent à moi et cela nourrit chacune de mes cellules. Nous nous sommes rencontrés dans un forum. Il intervenait sur le thème du « retour de l'enfant prodigue ». Je suis allée le voir, pour lui dire combien j'avais été touchée par la beauté qui se dégageait de tout son être. Il a pris le temps de me regarder et m'a répondu : « Et toi ! » Je me suis retournée, pensant qu'il s'adressait à quelqu'un d'autre. Mais non, c'était bien à moi qu'il parlait. Et ce « Et toi ! » est toujours présent en moi, quand je croise la beauté ou la violence de la vie.

Je suis allée le voir chez lui. Il habite dans un lieu qui va sûrement être rasé l'année prochaine pour insalubrité. Au cœur de ce lieu « pauvre », vu de l'extérieur, vit un trésor : lui et ses deux compagnons de communauté. Il me dit qu'il a tout ce dont il a besoin et je le crois. Belle métaphore incarnée, de ce qu'il révèle chez l'autre. Il côtoie dans son quotidien ceux qui peuvent être considérés comme les « perdus » de la société : alcooliques, anciens ou futurs prisonniers, SDF, etc. Quand l'un deux se présente à sa porte, il ouvre et dit : « Ah, voilà ma Louise, ou mon Bibi ! » Et Louise, ou Bibi, a les yeux qui brillent, parce qu'il reconnaît ce qu'il y a de plus beau en elle ou en lui, sans en faire trop. Il est le père qui est toujours là, avec amour et sans complaisance. Il laisse à chacun sa dignité.

Un soir, j'ai suivi l'une de ses messes... Un concentré d'humanité ! Toute la société en raccourci et de l'amour, de l'amour, de l'amour... C'était même trop pour moi. J'ai fui ! Enfin, au risque de choquer, je peux dire qu'il m'a permis de réparer et de reconnaître la femme en moi, désirante et pouvant créer le désir, sans me sentir ou être abusée. Par son amour inconditionnel et sans attente, il m'a permis de grandir en toute sécurité et de me réconcilier avec mon rapport à Dieu. C'est une belle âme. Il joue les accords du cœur. Il accepte qu'il n'y ait pas de résultat à ses actes. Il est dans le don pur.

Merci à lui d'être là, vivant sur notre terre.

Quatrième partie

Le tantra n'est pas ce que l'on croit

Depuis le début de ce recueil, il a déjà été plusieurs fois question du tantrisme. Le tantrisme fascine. Il est généralement compris en Occident comme une façon d'intégrer la sexualité à la spiritualité. C'est à la fois vrai et faux. Vrai, parce que la sexualité est au cœur du monde et qu'elle offre une occasion unique de dépasser la dualité. Faux, parce que la plupart du temps, notre sexualité est coupée du reste de la vie. Or, à en croire les tantrika, nous ne savons pas vivre – nous « pensons » plutôt la vie. Et notre activisme nous englue dans la réalité. Quand certains groupes new-age ou la presse grand public proposent d'affriolants stages ou articles sur l'« amour tantrique », ils feraient mieux de parler de thérapie. Ou à la rigueur de *Kâma sûtra*. En fait, sur cent vingt ou cent trente pratiques tantriques majeures, trois ou quatre seulement sont explicitement sexuelles. Mais alors, le tantra, c'est quoi ? Voilà ce que peuvent en dire, à travers leurs propres grilles, quelques pratiquants occidentaux de cette fin du XXe siècle.

Une tradition vieille de six mille ans

PAR LAURENCE VIDAL [1]

Le tantrisme, selon lequel schématiquement la conscience masculine passive n'a de pouvoir que grâce à l'énergie féminine active, est l'un des rares courants mystiques à avoir traversé les millénaires sans perdre l'intensité et la richesse de ses enseignements. Transmis jusqu'à nos jours par plusieurs lignées ininterrompues de maîtres et de disciples, il est resté éminemment vivant.

Les universitaires indianistes et les chercheurs spécialisés dans le tantrisme ne s'accordent pas sur ses origines. Pour certains, comme Alain Daniélou, Wendy Doniger O'Flaherty, Ajit Mookerjee ou Madhu Khanna, le tantrisme shivaïte se rattache à la civilisation de la vallée de l'Indus qui atteignit son apogée vers 2 600 avant notre ère. « On rencontre des symboles de rituel tantrique dans la culture d'Harappa (civilisation de la vallée de l'Indus, troisième millénaire avant notre ère) sous la forme de représentations de postures de yoga, et d'objets variés liés au culte de la Mère et de la fertilité [2]. »

1. Journaliste.
2. Ajit Mookerjee et Madhu Khanna, *La Voie du tantra*, Le Seuil.

Cette civilisation sophistiquée, dont l'écriture n'a pas encore été déchiffrée, disparut à la suite de variations du cours de l'Indus ou de changements climatiques, vers 1900 avant notre ère. La thèse de la destruction des cités dravidiennes par les Aryens est aujourd'hui remise en question, car leur venue semblerait plus tardive.

Une civilisation sophistiquée

On sait que les Dravidiens, grands navigateurs, ont essaimé jusqu'au bassin méditerranéen.

Les fouilles ont produit l'évidence de commerce avec la Mésopotamie. Des tablettes cunéiformes mésopotamiennes décrivent des transactions avec les marchands dravidiens qui exportaient des métaux précieux, des perles, de l'ivoire, du cuivre travaillé, de la céramique et de la verrerie. Ces navigateurs remontaient jusqu'aux ports d'Arabie par la mer Rouge.

La récente exposition « Merveilles de la culture de la vallée de l'Indus », à New York, en février 1998, a permis au *New York Times* de faire le point sur les connaissances actuelles liées à cette civilisation.

Le Dr Possehl, du département d'archéologie et d'anthropologie de l'université de Philadelphie, exprimait l'embarras des chercheurs en déclarant[1] : « L'expression archéologique de la civilisation de l'Indus ne ressemble en rien à ce qui nous est familier – pas de palais, pas de monuments, pas de temples. Nous avons là l'expression d'une antique complexité socio-culturelle, sans la présence ostentatoire d'une idéologie ou l'évidence d'un souverain, roi ou reine. Il n'y a pas de

1. Dans le *New York Times* du 20 février 1998.

vrai modèle dans l'histoire ou l'ethnographie qui suggère qu'il y ait jamais eu une civilisation de ce type. » Les ruines des cités démontrent un réel urbanisme ; des rues droites, un système sophistiqué d'évacuation des eaux, des puits, l'usage de briques calibrées, et les divers objets retrouvés attestent d'un grand raffinement dans le travail des métaux précieux, de la poterie, de la céramique décorée et de la verrerie. « Une culture urbaine d'une immense sophistication sur un territoire deux fois plus grand que celui sur lequel régnait Sumer ou l'Égypte contemporaine », écrivait Holland Cotter. Bien des figures tantriques semblent avoir une origine himalayenne non indienne, notamment centre-asiatique et mongole. Mais on a également trouvé à Mohenjo Daro et à Harappa des terres cuites figurant des ascètes en posture de méditation, un sceau représentant un yogi ithyphallique en posture yogique, couronné d'une coiffe ornée de cornes de buffle et entouré d'animaux emblématiques, qui est considéré par beaucoup comme un prototype de Shiva. Pour Wendy Doniger O'Flaherty, de l'université de Chicago, « il y a une évidence d'une pratique yogique dans la vallée de l'Indus aussi bien que celle de l'adoration du Phallus mentionnée dans le Rig-Véda comme caractéristique des ennemis des Aryens [1] ». Pour d'autres, telle Stella Kramrisch, conservateur du musée de Philadelphie, professeur à l'Institut d'art indien de l'université de New York et auteur de *The Presence of Shiva* [2], le tantrisme shivaïte serait post-védique et aurait vu le jour au cours des premiers siècles de notre ère. L'universitaire reconnaît la trace de pratiques yogiques dans la culture de la vallée de l'Indus,

1. In *Shiva, the Erotic Ascetic*, Oxford University Press.
2. Princeton University Press.

mais ne va pas jusqu'à penser que le fameux sceau 420 serait une figuration de Shiva. Elle pense également que les racines du védisme sont bien antérieures au premier millénaire avant notre ère [1].

Pour les maîtres tantriques cachemiriens tels Swâmi Laksman Jî, haute autorité contemporaine – décédé en 1991 – à laquelle les plus éminents spécialistes du tantrisme se sont abreuvés [2], « le système pratyabhijnâ était largement répandu au début du kali-yoga (3 200 ans avant notre ère) » et « le système krama fut introduit au début du kali-yoga par le sage Durvâsâ » [3]. Swâmi Laksman Jî était à la fois considéré comme un grand érudit et comme un mystique, dépositaire de la tradition orale que les Occidentaux négligent souvent. Enfin, Shiva n'apparaît pas dans les Védas, composés environ mille deux cents à mille ans avant notre ère et transmis oralement jusqu'à leur rédaction plus tardive. Il est donc possible, si l'on suit Swâmi Laksman Jî, Alain Daniélou, Ajit Mookerjee et Madhu Khanna, de penser que le shivaïsme est antérieur au védisme et vieux d'au moins six mille ans.

1. Si elle avait raison, cela rendrait alors possible le passage des Aryens dans la vallée de l'Indus vers 1900 avant notre ère, et la thèse aujourd'hui abandonnée de leur participation à la chute de la civilisation de l'Indus serait alors à réexaminer.

2. Parmi lesquels Lilian Silburn et Mark S.G. Dyczkowski.

3. In *Shivaïsme du Cachemire. Le Secret suprême*, Les Deux Océans. Pratyabhijnâ et krama sont deux des écoles du tantrisme cachemirien qui, porté par plusieurs générations de grands philosophes et yogis, connut une renaissance et un rayonnement extrêmes entre le IXe et le XIIe siècle.

La diffusion du tantrisme

LAURENCE VIDAL

Au début de notre ère, le tantrisme s'infiltre dans les divers courants de l'hindouisme et du bouddhisme. À partir du royaume d'Oddyâna, l'actuelle vallée de Swat au Pakistan (Urgyen en tibétain, Wou-tch'ang en chinois), et de son voisin le royaume du Cachemire, l'enseignement tantrique se répand dans toute l'Inde, au Tibet, en Chine et au Japon. Il influencera grandement le bouddhisme ch'an chinois qui, à l'instar du tantrisme cachemirien, se définira comme l'« école du Cœur », chère à Mazu, grand maître ch'an du VIIIe siècle.

En Chine

C'est entre le VIe et le XIe siècle que l'influence tantrique atteint son apogée.

Le laïc Song Yun visite l'Oddyâna en 518, sur ordre de l'empereur des Wei, et est émerveillé par la beauté du pays et la sagesse de ses habitants. Au retour, il rencontre Bodhidharma (470-553) dans les monts de Chitral, lequel revient au pays des dakini après avoir donné au ch'an son élan majeur. Bodhidharma, selon certains érudits, était porteur des deux lignées, bouddhiste et tantrique. Le premier pèlerin indien à avoir apporté en Chine une importante collection de textes tantriques serait Punyodaya, en 655. Il fut suivi par deux grands maîtres indiens, Shubhakarashima (637-735) et Vajrabodhi (671-741). Encore aujourd'hui des maîtres proclament que la pratique tantrique est le couronnement de la voie.

Au Japon

De la Chine, le tantrisme arrivera au Japon au VIIIe siècle, par Kobo-Daishi, fondateur de l'école shingon qui l'a transmis jusqu'à nos jours.

Au Tibet

Dès la fin du VIIIe siècle, avec le célèbre yogi Padmasambhava, originaire d'Oddyâna, le tantrisme pénètre au Tibet sous la forme du dzogchen, ou « Grande Perfection[1] ». Il y fleurit dans l'école des « anciens », les Nyingmapa.
Deux siècles et demi plus tard, lors de la seconde diffusion des enseignements au Tibet, Tilopa Naropa (selon certaines sources lui aussi originaire d'Oddyâna) et sa consort Nigouma transmettent le *Mahamoudra*, ou « Grand Sceau », au Tibétain Mar-pa (1012-1098). Son disciple, l'ascète et poète Milarépa, transmet à son tour ces enseignements tantriques à Gampopa, fondateur de l'école kagyupa[2].

1. Également transmis par la tradition bön, le dzogchen remonte à Garab Dordghé qui, selon les sources, vécut au VIe ou au VIIe siècle avant J.-C.

2. Il est à noter que, mis à part les deux derniers, tous ces maîtres éminents reçurent les enseignements de yogini d'Oddyâna ou du Cachemire.

Transformer le négatif

LAURENCE VIDAL

M. Lee se réclame de la tradition baul, une communauté de « mendiants chantants » qui vivent en Inde, au Bengale, et expriment leur amour pour Dieu à travers leurs chants, considérant leur corps comme le temple dans lequel le divin se manifeste. L'événement majeur de sa vie a lieu en 1976, lorsqu'il rencontre, dans le sud de l'Inde, celui qu'il désigne comme son maître, yogi Ramsuratkhumar. Introduit au public francophone par l'ouvrage de Gilles Farcet, *L'homme se lève à l'Ouest* (Albin Michel), Lee Lozowick a choisi un chemin spirituel difficile, non parce qu'il instruit selon les voies de la folle sagesse, mais parce qu'il enseigne ce que peu d'oreilles sont disposées à entendre. Sans aucun doute, dans la transmission spirituelle, cet homme qui est aussi musicien de rock sort magistralement des normes.

Plus qu'informer ceux qui viennent l'écouter, M. Lee veut créer en eux un espace d'émerveillement, afin qu'ils puissent effectuer une transformation intérieure authentique dans le cadre de leur vie et s'ouvrir à une sagesse digne de ce nom. M. Lee a aussi la réputation de ne pas mâcher ses mots, mais la raison d'une telle honnêteté est facile à deviner : la vie est précieuse et nous devons aller à l'essentiel.

Que dit-il du tantra ? « La pratique du tantra traditionnel est un chemin menant à la réalisation ; il nous demande principalement de rencontrer les éléments qui constituent notre monde souterrain, d'en passer par eux et de les convertir au lieu d'essayer de leur échapper ou de les ignorer.

» La peur, le désir, la maladie, l'envie, la soif de pouvoir, et toutes les qualités négatives que chacun d'entre nous porte en lui en quantités variables, nous sont nécessaires. Ce n'est qu'en travaillant avec ces qualités négatives que nous les transformerons. Même si nous n'en voyons pas l'utilité, elles font partie intégrante de notre personnalité et, en tant que telles, nous devons les reconnaître. En fait, nous en avons vraiment besoin. Elles nous aident à construire ce que nous serons dans le monde supérieur. Sans elles, nous ne serions pas humains, donc nous ne bénéficierions pas de la possibilité divine et de l'occasion divine qu'est l'existence humaine. C'est lorsque nous travaillons avec ces forces, et non pas malgré elles, qu'elles sont transformées. En cela, se définit essentiellement le tantra [1]. »

1. *L'Alchimie de l'amour et de la sexualité*, Éd. du Relié.

La *sadhana* tantrique ou l'éternel présent

PAR LAURENCE VIDAL

Pratique de l'éveil, d'abord par la prise de conscience du ressenti et de toutes les sensorialités, le tantrisme ne vise pas à changer la condition du sujet, mais à l'aider à reconnaître ce qu'il est de toute éternité.

Tout est Conscience

Tel est le point de départ et d'éternel retour, la source vive où, comme toute voie traditionnelle [1], s'abreuve le tantrisme. Non pas un postulat, un dogme qu'il s'agirait de croire aveuglément – nous ne sommes pas, ici, dans le domaine de la foi –, ni non plus une théorie, une spéculation que l'étude et le débat métaphysiques se chargeraient de démontrer – nous sommes loin, là encore, de la suprématie intellectuelle [2] –, mais une réa-

1. Encore faut-il entendre ici le mot « tradition » non comme un savoir, une mémoire culturelle ou religieuse liée à telle ou telle civilisation historique, mais comme cette intuition, ce pressentiment de l'unicité de l'Être manifesté en une pluralité de formes, pressentiment initial que toute tradition invite à actualiser.

2. La foi, sous la forme dévotionnelle de la *bhakti*, et la spéculation métaphysique ne sont cependant pas exclues de la voie tantrique.

lisation, autrement dit une évidence, d'abord pressentie, puis peu à peu ressentie, perçue, vécue par l'adepte qui en fait maintes et maintes fois l'expérience fugitive, jusqu'à ce que cette « connaissance directe du réel », d'épisodique, s'établisse en lui, d'instant en instant renouvelée.

Aucun système de croyances à adopter, donc. Un soupçon, plutôt, une soif et, venant à point pour y répondre, un ensemble de pratiques affûtées et transmises de maîtres à disciples depuis quelque six à sept mille ans, et dont le tantrika découvre l'usage, la saveur, les effets métamorphiques, au fil de sa *sadhana*, ou voie pratique de réalisation. Ce n'est pas le désir qui fait obstacle à la conscience, mais sa limitation. Le tantrika ne connaît donc ni interdit ni tabou – ce qui lui a valu l'hostilité de la plupart des brahmanes et, très récemment, une curiosité pleine d'illusions de la part des Occidentaux.

Une voie directe

Voie directe, le tantrisme s'expose d'emblée dans sa nudité, essence offerte à tous les regards, sans secret ni progression par étapes où les mystères se trouveraient un à un dévoilés au gré de l'évolution du disciple. Tout est là, dès le départ. Et pour cause : il ne s'agit pas pour l'adepte de sortir de sa condition présente et, au terme d'une purification, d'atteindre à un état neuf, inconnu jusqu'alors, mais bien de réaliser ce qu'il est, ce qu'il a toujours été – Conscience. « La Conscience est partout, énonce sobrement le *Vijnanabhaïrava tantra* (tantra de la Connaissance Suprême). Il n'y a aucune différenciation. Réalise cela profondément, invite-t-il, et triomphe ainsi du temps[1]. » « L'expérimentateur dont la conscience est contractée perçoit l'univers sous sa forme contractée », explicite le *Pratyabhijnahrdayam* (Cœur de la Reconnaissance)[2], qui poursuit : « La Conscience absolue devient conscience individuelle par cette contraction même, provoquée par les objets de conscience », avant de conclure, dans une réconciliation-réintégration des apparents contraires : « La conscience individuelle est la Conscience absolue. »

Tout est dit, oui. Tout est spontanément, librement exposé. Que celui qui a de « grandes capacités », comme le nomment les textes, entende et, instantanément, réalise.

Mais tout le monde ne peut être Lalla, cette yogini et poétesse du XIVe siècle[3], célèbre chez les soufis comme chez les tantrika, et qu'un unique enseignement de son maître – « Pourquoi cherches-tu à l'extérieur ce qui est à l'intérieur ? » – suffit à libérer. Pour le commun des mortels, trop de clarté aveugle. Ainsi ces affirmations, ces constats offerts par les textes ou le maître n'ont sur la plupart qu'une résonance conceptuelle, voire poétique – c'est-à-dire mentale. Au pire, ils laissent indifférent, ou éveillent une curiosité purement intellectuelle. Et le « secret », pour être exposé à tous, n'en est pas moins bien gardé. Au mieux, ils ébranlent quelques certitudes objectives et éveillent dans le cœur, dans le corps, comme un pressentiment, un souvenir originel, la nostalgie d'un « voir », d'un « percevoir le monde », et

1. Traduction et commentaires du *Vijnanabhaïrava tantra* par Daniel Odier dans *Tantra yoga*, Albin Michel.

2. De Ksmeraja, Xe siècle.

3. Lalla, *Chants mystiques du tantrisme cachemirien*, présentés et traduits par Daniel Odier, Le Seuil.

soi-même dans le monde, autrement. Pour que ce pressentiment s'actualise, pour que la personne qui se vit, se ressent comme une individualité séparée du monde goûte à la non-séparation (*samyama*), à la non-différenciation, d'autres moyens se révèlent nécessaires. Toute une palette de moyens, pratiques, techniques dont le tantrisme dispose [1], chacune invitant le *sadhanka* à faire par lui-même l'expérience de cet arrêt du temps, à vivre ce pur Silence, cet espace, ce frémissement de la Conscience une où sujet et objet, observateur et chose observée se fondent.

Voie non duelle, donc, puisque conscience individuelle et Conscience absolue ne font qu'un, la voie tantrique privilégie l'expérience directe. L'étude théorique de la doctrine est sans valeur, répètent à l'envi les Tantras. Ce qui importe, c'est la mise en pratique des méthodes par lesquelles l'adepte réalisera sa vraie nature : pure Conscience d'où tout émane et où tout se résorbe, Essence commune à tous les phénomènes que seule la limitation de ses perceptions lui fait tenir pour séparés. Le yoga tantrique, en effet, invite à « réaliser que la nature innée » de l'esprit, « libre et éveillée depuis toujours, surgit dès que la pensée dualiste est abandonnée ».

Voie de l'action dans le monde et voie d'incarnation, le tantrisme prend la vie en général, et le corps en particulier, pour champ de l'expérience et lieu de la pratique. L'ascèse, ici – car c'en est une –, n'a rien d'ascétique. *Bhoga* et *mukti*, jouissance et libération, s'y avancent main dans la main. Point d'interdit ni de tabou – d'où l'attrait qu'exerce le tantrisme sur les Occidentaux et la

1. C'est l'aspect progressif de la voie tantrique qui, dans son essence, est voie directe.

réprobation qu'il suscite dans la société brahmanique. Rien à rejeter, au contraire – car toute tendance réprimée, toute dimension de l'être exclue par la force au prétexte qu'elle serait « mauvaise » ne saurait que resurgir, et avec quelle violence, à un moment ou un autre d'une *sadhana* qui, par essence, engage le pratiquant dans son intégralité. Rien à quoi renoncer. Et surtout pas à la passion, cet élan, ce moteur sur la voie [1]. Surtout pas le désir – que tant de voies spirituelles invitent à juguler. Ce n'est pas le désir, affirment en effet les Tantras, qui fait obstacle à la Connaissance, mais sa limitation : le désir par ignorance limité au désir d'un objet alors que, par essence, il est désir du Soi, de cette Plénitude, cette toute-Complétude dont a soif l'individu illusoirement coupé de sa Source.

Travailler sur le désir

Désir illimité, désir sans objet : le voilà, le chemin tantrique, qui aiguise l'attention et ouvre à la Présence. Une attention non dirigée, sans tension ni intention, sans jugement, ni comparaison, ni but – sans mémoire ni devenir, donc. Une présence silencieuse et paisible où tous les processus intérieurs se laissent percevoir et, d'être ainsi accueillis sans manipulation, se déploient et s'autolibèrent spontanément. Car, dès lors qu'aucun commentaire, qu'aucune activation ou répression mentale n'en court-circuite la trajectoire, dès lors que le *sadhanka* la goûte pleinement, « toute énergie participe à la libération ». Il n'en est de « bonnes » ni de « mau-

1. Voir, du même auteur, *Désirs, passions et spiritualité*, J.-C. Lattès.

vaises » – deux qualifications, deux concepts dont le réel n'a que faire.

Il n'en est que de limitées – par la peur, l'ignorance, l'attachement ou le rejet – ou d'illimitées. Ainsi, le yoga tantrique utilise le spectre intégral des situations, pensées, émotions, sensations qui s'offrent à l'expérience de l'adepte. Dès lors, tout devient pratique. Et c'est par « la qualité, la profondeur de sa présence au monde phénoménal » que « le tantrika touche à l'Absolu » dont la réalité est gorgée. Point d'ascétisme, donc, ni d'érémitisme, mais une ascèse de chaque instant, au sein même de la société. Une pratique où vie mystique et existence quotidienne s'intègrent l'une à l'autre ; où le foisonnement du réel tel qu'il est – et non tel qu'on voudrait qu'il soit – est le champ même de l'expérience, le lieu de la métamorphose. « La voie spirituelle, c'est vivre avec ce qui est là, indique Éric Baret ; ce n'est pas chercher à transformer, à changer, à se libérer (...) ! Vivre avec ce qui est là, accueillir (...) amène la transformation. »

Rien à transformer, donc, mais se laisser transformer – ou, pour être plus exact, se laisser Être, puisque Être est ce que, depuis toujours, nous sommes. Pas de quête extérieure, ni d'acte volontariste, ni d'objectif visé. La pratique comme terrain de jeu plutôt que comme chemin d'effort. La vie, et soi-même, comme spectacle autant que comme spectateur, un spectateur sans attente – mais non sans désir –, sans aucun de ces comportements, choix, orientations auxquels son conditionnement l'a accoutumé...

L'enseignement tantrique – comme le réel – cultive paradoxes et contradictions. Au point que la pensée, poussée dans ses ultimes retranchements, se heurte à ses propres limites et... finit par se taire. Le Silence seul demeure, où veille la Conscience. Les pratiques proposées se révèlent alors être moins des techniques en vue d'une progression, du fameux « Éveil », qu'une célébration, instantanément savourée, de cet Éveil, de cette Présence.

Ainsi de la méditation, qui est moins un moment d'assise où les pensées s'apaisent dans l'attention silencieuse que cette même attention paisible et silencieuse portée, à chaque instant de la journée, sur tout ce qui survient, en soi et « hors de soi » (si ce terme signifie encore quelque chose). Ainsi du yoga postural, non pas quête de la pose parfaite mais attention au ressenti – corps et esprit et souffle réunis en une même perception globale –, attention qui se prolonge, elle aussi, dans la vie courante perçue de plus en plus, de plus en plus finement, par un corps-esprit libéré de son carcan mental. Une vie perçue autrement, tous les sens mêlés, le corps comme frémissement qui, dans le ressenti, s'étend aux dimensions de l'espace. Perçue spontanément par l'adepte-témoin qui se sent joué par la vie autant qu'il la joue, spectateur qui peu à peu se fond dans le spectacle, acteur qui s'efface dans l'acte spontané, sans acteur, sans commentateur, sans ego.

Ainsi, des techniques sexuelles[1], si mal comprises parce que extirpées de leur contexte. Pour une large part, le tantrisme doit à *maithuna*, la pratique de l'union sexuelle, son succès auprès des Occidentaux. Il n'est que de voir la multiplication des ouvrages et des stages qui proposent, sous l'appellation « tantra » et dans l'écrin d'un vocabulaire spirituel disparate, des techni-

1. Ces techniques constituent une infime partie du yoga tantrique, et l'une des toutes dernières abordées par l'adepte, quand elle l'est.

ques et exercices de thérapie sexuelle. Exercices énergétiques et thérapeutiques qui, pour utiles et féconds qu'ils puissent être sur le plan du développement personnel, n'ont, hormis leur dénomination fantaisiste – pour ne pas dire abusive –, rien à voir avec le tantrisme.

Ainsi du tout aussi fameux *kundalinî yoga*, ou réveil de l'énergie fondamentale (*kundalinî*) lovée à la base de la colonne vertébrale et dont la montée le long du canal central (*sushumna*), de chakra en chakra jusqu'au sommet du crâne, offrirait et l'extase et l'acquisition de pouvoirs yogiques, l'une et les autres convoités – de façon tout aussi fantaisiste – par bien des adeptes du « néotantra ».

Que ces pouvoirs yogiques soient une réalité, la tradition l'affirme. Et la logique le conçoit : si l'adepte trouve accès à la conscience cosmique et découvre que, loin d'être séparés comme son conditionnement le lui laissait croire, choses et phénomènes (y compris lui-même) sont un, pourquoi ne pourrait-il, dès lors, intervenir sur les interactions entre n'importe quels phénomènes ? Télépathie, guérison, projection de l'esprit hors du corps... tels sont quelques-uns des pouvoirs yogiques répertoriés par les textes tantriques. Mais quel but personnel, égotique, pourrait bien servir ces pouvoirs, rappellent-ils, dès lors que celui qui les détient n'a, précisément, plus d'ego, ne se tient plus pour une « personne » ?

Une métaphysique hautement élaborée

LAURENCE VIDAL

Axée sur l'expérimentation, sur la pratique plutôt que sur l'intellect et la conceptualisation, la tradition tantrique n'en a pas moins développé un système métaphysique et cosmologique extraordinairement élaboré : celui du shivaïsme cachemirien, ou trika, qui connut son apogée entre le IXe et le XIIe siècle.

Selon la vision indienne du monde – qu'elle soit tantrique ou védique –, la conscience précède la matière, la pensée précède la forme et les lois qui régissent l'univers sont antérieures à leurs manifestations. Peaufiné au fil des siècles, notamment par Vasugupta, Somananda, Utpaladeva, Abhinavagupta ou Ksmeraja, poètes, philosophes et yogis dont les noms et les écrits sont parvenus jusqu'à nous, le système trika décrit les différentes étapes (atemporelles) de la manifestation, depuis la Conscience primordiale, transcendante, jusqu'à la matière « inerte [1] ».

Shiva, Être absolu, Conscience non manifestée dont tout procède, est extérieur à l'existence, aux mondes qu'il invente. La Conscience est neutre, non agissante (d'où certaines représentations qui montrent Shiva passif, semblable à un cadavre, tandis qu'au-dessus de lui Shakti, l'Énergie primordiale, est tout action). Elle est sans substance, ni durée, ni lieu. Elle est au-delà de tout perceptible et de tout concevable. Inconnaissable (y compris de lui-même), c'est par Shakti, son pouvoir de manifestation, que Shiva donne nais-

1. La matière étant, comme tout phénomène, une manifestation de la Conscience, elle n'en est pas séparée. Habitée par la conscience et issue de l'Énergie primordiale, elle n'est pas matière inerte mais énergie organisée (ce que ne contesteraient pas nos physiciens modernes).

sance aux mondes. Sans elle, « réduit » à sa pure luminosité, il n'aurait pas conscience de lui-même. Shiva et Shakti, le dieu et la déesse, Conscience et Énergie, sont donc complémentaires et indissociables, « comme le feu est indissociable de son pouvoir de brûler ».

C'est par un libre jeu que le couple Shiva-Shakti (parfois représenté sous sa forme hermaphrodite) procède au déploiement et au reploiement de l'univers. Pour manifester la multiplicité des choses dont il est la source et l'énergie, il obscurcit sa plénitude et se scinde en deux, sujet connaissant et chose connue – première dualité dont découleront toutes les autres.

De sphère de l'Énergie en sphère de l'Illusion (où l'on croise notamment Maya, l'Illusion, dont la fonction est d'obscurcir, de morceler l'absolu en une multitude de sujets individuels oublieux de l'unité originelle), puis de sphère de l'Illusion en sphère de la Nature, l'école trika énumère ainsi trente-six Tattvas, ou principes primordiaux, allant du non-manifesté aux manifestations les plus denses que sont le psychisme, les cinq facultés et organes des sens, les cinq facultés et organes d'action, les cinq qualités (sonore, tangible, visible, sapide, olfactive) et, enfin, les cinq éléments [1].

Le rôle qu'assigne l'école trika (comme, d'ailleurs, le Samkhya des védantistes) aux êtres vivants est celui de témoins. « Ils forment le public du jeu (*lîlâ*) divin de la création [2]. »

Ainsi, selon le shivaïsme du Cachemire, la Conscience est l'essence même de tous les aspects du créé, qui la manifestent. Et la « voie du retour » proposée à l'homme n'est autre que l'utilisation – et le dépassement – des sens, aux fins de réaliser sa vraie nature : conscience pure, état shivaïque que l'obscurcissement de la manifestation l'empêche de percevoir l'émerveillement ordinaire.

---

1. Pour une description détaillée des trente-six Tattvas, lire, de Pierre Feuga, *Tantrisme. Doctrine, pratique, art, rituel...*, Dangles.
2. Alain Daniélou, in *La Fantaisie des dieux et l'aventure humaine*, Le Rocher.

Rencontre avec Daniel Odier

PROPOS RECUEILLIS PAR MARC DE SMEDT

Dans *Tantra, l'initiation d'un Occidental à l'amour absolu*[1], Daniel Odier racontait sa rencontre et son initiation au tantrisme cachemirien auprès d'une yogini indienne, Devî. Depuis trois ans, il transmet les enseignements de l'école pratyabhijnâ de la « Reconnaissance spontanée » du Soi.

> « Ressens la conscience de chaque être comme ta propre conscience. »
>
> Vijnanabhaïrava tantra

Marc de Smedt : *Tradition indienne d'origine lointaine, voie spirituelle toujours d'actualité, système de pratiques énergétiques et sexuelles : dès que l'on parle de tantrisme, en Occident, la confusion règne... À la lumière de votre expérience, qu'est-ce que le tantrisme ?*

Daniel Odier : Le tantra est, pour moi, une voie millénaire et absolue en laquelle chacun est « reconnu » comme ayant en son propre cœur les attributs de la divinité (« Reconnaissance spontanée » : c'est le sens du

1. J.-C. Lattès et Pocket.

mot *pratyabhijnâ*, l'école dont j'ai reçu la transmission de mon maître cachemirien, la yogini Devî). Le Soi est Shiva, la conscience porte en elle l'essence du divin. La voie consiste à reconnaître cette essence en soi, par l'enseignement ou de manière spontanée.

Rien à voir, donc, avec les pratiques ou thérapies sexuelles qui ne cessent de se multiplier sous le nom de « tantra » ?

Pour moi, il n'y a pas de tantra sans transmission et sans lignée qui remonte à la source, et toute la confusion vient de là. Les lignées du « néotantra » ne remontent pas en deçà de leurs initiateurs, elles ont une trentaine d'années.

Depuis toujours, le mot « tantra » a fasciné, et les écoles les plus étranges s'en sont réclamées. Il y a eu des sectes qui promulguaient le meurtre rituel, comme les fameux Thugs, dont l'origine remonte au Moyen Âge et qui se transformèrent en guerilleros contre les colons anglais, mais aussi d'autres sectes pour lesquelles le cannibalisme ou la violence contre les brahmanes faisaient acquérir des mérites spirituels... La force du tantra, c'est qu'il balaye toutes les déviances apparues depuis un ou deux millénaires.

Les déviances contemporaines sont très « soft » et mineures, en importance si ce n'est en nombre, et si naïves qu'elles se sont toutes accrochées à la sexualité, qui est vraiment le miroir aux alouettes contemporain. Mais on peut comprendre ce désir de transformer une voie millénaire d'une profondeur et d'une subtilité incomparables en « prêt-à-jouir » spirituel : c'est notre tendancc générale actuelle. Elle vient simplement de l'ignorance et de l'absence de filiation. Ceux qui prétendent l'enseigner n'ont même pas eu accès à la partie « sexuelle » des enseignements auxquels ils se croient rattachés, et qui dans la tradition n'est enseignée que de manière exceptionnelle. Elle n'est d'ailleurs absolument pas indispensable, et on peut parcourir toute la voie traditionnelle sans qu'elle ait lieu. Il y a donc un leurre total. Les thérapies sexuelles telles qu'elles sont apparues dans les années 60 ont leur valeur propre, leurs connaissances profondes des mécanismes sexuels et de leurs techniques. Elles n'ont pas besoin du passeport mystique. Pourquoi leur accoler le mot « tantra » ?

D'où vient, pourtant, que le tantrisme véhicule une image à ce point associée à la sexualité ?

La sexualité du tantrika, c'est le rapport de toute la sensorialité avec le monde. C'est le frémissement (*spanda*) qui naît lorsque le désir se satisfait de sa propre incandescence en ayant abandonné toute idée d'atteindre un être ou un objet. Il y a alors complétude.

Un être qui a besoin de l'autre pour masquer son incomplétude, ou pour la nourrir, ne connaît que des « rapports sexuels », une tentative illusoire d'achèvement qui tient du cannibalisme mutuel et porte en lui de la violence, du désespoir et une certaine forme de désillusion, de beauté tragique, qui est d'ailleurs l'une des matières premières de l'art.

Pour celui qui est sur la voie tantrique, l'union sexuelle peut être une manière de jeu merveilleux qui commence à être vécu, par instants de grâce, comme une expérience directe, sans que la pensée différenciatrice s'impose. C'est un jeu passionné sur un terrain accidenté où l'aspirant touche aux limites de son abandon, au surgissement de la pensée, au blocage de la spontanéité, au manque de confiance qu'il peut avoir quant à la sagesse de son propre corps. Lorsque cela peut être vécu de cette manière, c'est une ascèse, car on s'aperçoit très vite de nos limitations, de nos projections, de notre solitude que nous cherchons à masquer au lieu de la vivre. Aller au fond de sa solitude, c'est voir qu'elle est une construction mentale et la faire éclore dans l'expérience non duelle.

Ces jeux nous aident à frôler l'essence des choses et, lorsque la paix profonde de la yogini accomplie touche la paix profonde du yogi, se révèle la puissance de la Shakti qu'on appelle *kundalinî*. À cet instant, il n'y a pas de dualité, pas de début, pas de fin, pas de « rapport », mais un frémissement qui, comme l'amour, ne saurait naître, atteindre son acmé puis disparaître. Lorsqu'il y a sexualité, il n'y a plus d'espace-temps.

Il ne s'agit pas de transcender le désir mais, au contraire, de le porter à une telle incandescence qu'il inclut l'« autre » dans son propre frémissement.

On parle souvent de « voie de la main droite » et « voie de la main gauche ». Qu'en est-il de cette distinction ?

Dans les réunions tantriques, au Cachemire, les adeptes qui pratiquent le rituel sexuel sont placés à la gauche du maître, les autres à sa droite. Comme ils sont assis en cercle, il y a un moment où la gauche n'est plus différente de la droite... Par extension, ceux qui pratiquent les trois M, c'est-à-dire consomment de la viande (*mâmsa*) à l'occasion, de l'alcool (*madya*) ou des substances hallucinogènes, et pratiquent l'union sexuelle (*maithuna*) sont considérés comme pratiquants de la main gauche.

Mais, plus généralement, on peut dire qu'un maître authentique pratique avec l'intégralité de ce qui est, et que, même sans avoir reçu de transmission sexuelle, on peut être considéré comme pratiquant de la main gauche lorsque les sentiments violents sont intégrés à la voie. Même le maître le plus doux sera, à l'occasion, un maître de la main gauche, lorsqu'il faudra que le disciple affronte sa peur fondamentale. Fondamentalement, ce sont des divisions d'universitaires puritains qui se servent de cette dualité pour condamner la voie de la main gauche. Ces divisions ne correspondent pas à la réalité.

Vous-même, vous avez reçu cette initiation à maithuna. *Vous l'évoquez dans votre livre. La transmettez-vous ?*

Je ne me sens pas encore la capacité de la transmettre, car je sais ce qu'elle est en réalité. Les vrais chercheurs n'aspirent pas à l'union sexuelle avec celui qu'ils suivent, mais à la conscience du Soi. Je les respecte. Lorsqu'il n'y a ni tabous, ni puritanisme, ni soif de pouvoir, ni prétention à être un maître, ni limite, il n'y a pas de passage à l'acte, tout n'est qu'harmonie, grâce et spontanéité.

Quel est le rôle du maître dans la tradition tantrique ?

Dans un sens profond, le maître n'est que le miroir de notre propre liberté fondamentale. Il n'est jamais un intercesseur, il n'a rien à nous donner, nous avons tout en nous. On dit qu'une *sadhana* commence lorsque le disciple comprend qu'il n'est pas différent du maître. Il n'y a donc jamais d'allégeance. On peut dire que les maîtres tantriques sont là pour faire éclater le syndrome de soumission. Un maître nous pousse à l'examen, à la critique, à la vigilance, à l'irrespect, au non-conformisme, d'autant plus qu'il accepte et montre que le travail est incessant, même pour lui.

Aucun maître tantrique ne devrait d'ailleurs se présenter comme un maître, puisqu'il n'a rien à transmettre. Tout est déjà présent chez le disciple. Ce qui se manifeste dans ce rapport, c'est de l'amour sans objet qui dissipe simplement les brumes et les opacités qui nous faisaient croire que quelqu'un allait nous libérer. On se met à l'écho de la spontanéité de celui qui nous accompagne dans cette reconnaissance, pour nous faire goûter à la liberté d'être.

Quelles sont les qualités requises pour suivre cette voie ?

L'incandescence, la passion, l'acceptation intégrale de ce qui constitue l'être humain, l'ombre et la lumière. L'allergie aux groupes, aux préceptes, à l'obéissance, à la purification, aux croyances de toutes sortes, à tout attrait new-âge. Le doute par rapport au maître, l'absence de doute par rapport à ses propres capacités. Le simple désir de ne rien être d'autre qu'un être ordinaire jouissant de l'intégralité de ses capacités au sein d'une société telle qu'elle est. Il n'y a pas de place, dans le tantrisme, pour le surhomme détenteur de secrets et de pouvoirs extraordinaires ; donc pas de place pour le rêve romantique du sacré. Rien que la réalité intégrale.

Pas de place, non plus, pour cet autre rêve romantique d'une relation amoureuse « épanouie », « sacralisée » par la pratique tantrique ?

Encore une fois, nous avons affaire à un fantasme d'Occidental. La sexualité est, dans l'égalité avec toute autre manifestation de la sensorialité, un lieu de Conscience. D'ailleurs, dans les pratiques du *Vijnâ-nabhaïrava tantra*, sur cent vingt ou cent trente pratiques, il n'y en a que trois qui concernent *maithuna*. C'est dire à quel point la sexualité, dans le sens où nous l'entendons habituellement, est intégrée au tout. Pratiquement, il y a un abandon au souffle profond, qui fait qu'il n'y a plus de différence entre maître et disciple. À ce point, l'identité se fête par la Grande Union. Alors, l'orgasme n'a plus besoin de la détente de l'éjaculation, car le tantrika a intégré l'énergie féminine. L'idéal tantrique est celui de l'intégration de la dualité homme-femme dans la plénitude. Shiva est souvent représenté comme un hermaphrodite. Il est capital de bien comprendre qu'on ne dévoile pas la Conscience à coups d'exercice énergétique, d'agitation, de gesticulation, de danse pseudo chamanique et autres friandises du « faire », mais par la lente et douce émergence de l'amour sans objet, qui attend paisiblement que nous cessions de poursuivre l'inatteignable.

En quoi la sâdhana *du tantrisme peut-elle convenir aux Occidentaux ?*

Le tantrika considère qu'entrer dans la voie, c'est accepter son corps, sa sensorialité, ses émotions et ses pensées comme le lieu même de l'éveil. Mais il considère également que ce noyau de Conscience incandescent est sous-jacent à toute manifestation de l'univers. Tout n'est que Conscience, pour lui. Sa pratique est donc de laisser affleurer la Conscience dans tous les mouvements de la vie, afin que la conscience intérieure et la conscience extérieure s'unifient dans leur réalité commune, et que cesse la perception fallacieuse de la dualité.

Cette non-séparation du tantrika et de l'univers me paraît merveilleusement adaptée à tous ceux qui sont insatisfaits par les dogmes, les croyances et l'assujettissement à une autorité religieuse.

Pourtant, c'est une voie difficile, car elle passe par l'abandon de tous les points d'ancrage et nous, les Occidentaux, en avons beaucoup. Ce n'est surtout pas une voie de facilité, et nous aimons la facilité ; nous aimons tout ce qui nous détourne de notre solitude. C'est une voie théoriquement simple mais pratiquement ardue, parce que non fantasmatique, fondée uniquement sur la Réalité au sein de la société, sans aucune échappatoire, sans possibilité de fuite dans le merveilleux, le rituel, la magie, les vies antérieures, les autres mondes, la métaphysique.

Nombre de ceux qui cherchent une voie spirituelle sont motivés par un manque, un vide qu'ils disent ressentir dans leur vie. Ils espèrent un soulagement.

La vie est insupportable tant qu'on ne la vit pas. La pratique n'est rien d'autre que la présence à la réalité. Lorsqu'on est présent, la lumière et la joie se dégagent de la banalité même, donc n'importe quelle perception, n'importe quelle émotion, n'importe quelle pensée, n'importe quelle action nous réveillent à notre propre plénitude. C'est ce que nous appelons l'« inversion du support ». La vie ne change pas : c'est notre regard qui se modifie.

Rencontre avec Daniel Odier

Qu'est-ce que la pratique tantrique a changé dans votre vie ?

Je suis passé de l'absence et de l'automatisme généralisé à la présence progressive, donc à la sensibilité toujours plus profonde de ce qui est là, spatial, étincelant, entrecoupé de moments d'absence qui sont considérés comme des préludes au rejaillissement de la Conscience. La culpabilité s'est graduellement éteinte et la spontanéité s'est accrue. Lorsqu'il y a ouverture, je peux accepter mon trouble ou mon absence. L'émerveillement devant la réalité croît de jour en jour, les contacts sensoriels sont de plus en plus fins, si bien que tout fait entrer en frémissement. Les émotions ne sont plus antagonistes à la voie mais, libérées, elles deviennent au contraire son véhicule. La libre circulation des choses est de moins en moins bloquée par le mental, et la joie jaillit spontanément. L'action est plus immédiate, plus limpide. Il y a plus de lenteur, de grâce, de non-réactivité. La conscience des blocages est rapide, et l'autolibération des phénomènes plus habituelle.

Et dans la relation amoureuse ?

Dans la relation amoureuse, ou dans la relation à l'« autre », cet « autre » disparaît en nous comme nous disparaissons en lui, dans le même mouvement. Il n'y a donc plus de projections. Reste l'amour, non de quelque chose ou de quelqu'un, mais l'amour tout court. Disons, plus simplement, qu'il y a une reconnaissance presque constante d'être en vie.

Maithuna, le rituel d'union sexuelle

DANIEL ODIER

L'initiation telle que je l'ai reçue est celle du frémissement de tous les sens, qui retournent ainsi à leur demeure qu'est la Conscience.

Pour le tantrika, il n'y a pas de différence entre un rapport sexuel génital et le rapport sensoriel que nous entretenons avec la réalité qui nous entoure. Pour lui, l'activité ne mène pas à la Conscience : elle en procède et y retourne, après s'être unie à l'objet. Rien ne vient de l'extérieur. La Conscience coule telle une source vers le monde, le touche profondément, en son noyau incandescent et frémissant, et revient à la Conscience dans une circulation continue.

Maithuna est la reconnaissance que cette liberté est déjà atteinte par l'aspirant, et que le fruit du yoga est mûr. En aucun cas ce n'est un rituel dans le sens d'un acte magique qui permettrait de goûter à un état de plénitude qui nous ferait défaut. Pour prétendre à l'initiation, il faut avoir réalisé que le désir ne saurait se satisfaire d'un objet, et que l'incandescence est ce qui demeure quand le désir de quelque chose est consumé. Le *samâdhi* frémissant et continu est la porte étroite d'accès à *maithuna*, car l'union symbolise l'union préalable du tantrika et de l'univers. Beaucoup de maîtres la donnent d'ailleurs par le regard, le rêve lucide, le contact non génital, la voix ou l'esprit.

Rencontre avec Éric Baret
« Le tantra est au-delà de toute expérience »

PROPOS RECUEILLIS PAR LAURENCE VIDAL

À l'écoute du regretté Jean Klein pendant de nombreuses années et s'inscrivant dans le courant du tantrisme cachemirien, Éric Baret[1] s'exprime, libre de toute codification rituelle. Pas d'enseignant ni d'enseigné. L'enseignement est Silence. Il se manifeste, éventuellement, par la disponibilité au ressenti corporel tel qu'évoquée dans les grands textes comme le *Vijnanabhaïrava tantra.*

> « Nous voyons, entendons, goûtons, sentons avec tout le corps. Et nous ne formons qu'un avec le monde. Mais il est très difficile de ressentir le plaisir pur : souvent nous pensons plutôt ce ressenti. »

Laurence Vidal : *Face à toutes les définitions qui en sont proposées, et à la lumière de votre expérience, pouvez-vous clarifier ce qu'est le tantrisme ?*

Éric Baret : Les expériences vont et viennent, le tantrisme reflète ce qui est au-delà de l'expérience. Au

1. Éric Baret a publié *Les crocodiles ne pensent pas* (éd. de Mortagne, 1994), *Le Yoga tantrique du Cachemire* (éd. du Relié, 1995), et *Le Sacre du dragon vert* (J.-C. Lattès, 1999).

niveau pratique, dans le sens classique de l'Inde, il est l'expression journalière de cette non-expérience.

Rien à voir, donc, avec l'imagerie énergétique, magique et sexuelle que le tantrisme véhicule en Occident ?

Les gouttes de tantrisme qui ont été formulées en Occident sont de lointaines prolongations du tantrisme traditionnel. Ces éléments sexuels, comme tous les arts, font partie du tantrisme. Mais pas plus que l'art du combat, l'art de la construction des temples... Également l'art des pratiques nommées sexuelles, qui ont été codifiées. Mais c'est un tout petit fragment. Quand on lit les grands textes du tantrisme cachemirien, par exemple le *Tantraloka* d'Abhinavagupta, il y a peut-être une cinquantaine de pages qui se réfèrent aux pratiques « sexuelles », et il y a deux mille pages qui se réfèrent à d'autres éléments.

Vous parlez parfois du tantrisme comme d'un « courant », indépendant de toute culture, ou tradition...

C'est un courant. Mais pas d'affirmation, de réponse, de savoir. L'enseignement tantrique pose des questions. Il ne répond jamais. S'il répondait, il proviendrait de la mémoire, il serait dans le connu. Faire face au présent affine le questionnement.

Vous-même, quand avez-vous eu cette intuition ?

Je n'ai jamais rien eu, mais j'ai rencontré quelqu'un qui avait actualisé dans sa vie cette interrogation vibrante. C'est ce qui m'a touché.

Cet ami, pouvez-vous nous dire qui c'est ?

Il s'appelait Jean Klein.

Pour goûter, ou retrouver, ce pressentiment, le maître est-il indispensable ?

Pour ce qui est du pressentiment essentiel, on ne peut pas répondre, parce que le maître qu'on rencontre n'est pas à l'extérieur de soi. Quand on rencontre son maître, c'est soi-même qu'on rencontre. Donc le problème ne se pose pas. Pour ce qui est de la codification, de la pratique du tantra, ou celle du yoga, on peut dire : oui, le maître technique est indispensable. Il faut quelqu'un qui ait déjà parcouru le chemin. Dans la tradition du Cachemire, des coups de main sensoriels sont suggérés pour approfondir ce ressenti : yoga, travail sur le souffle, sur les mantras... Tout le travail qu'on appelle tactile, sensoriel, que ce soit seul ou avec un partenaire, faisait partie, pour Jean Klein, de cette intégration du pressentiment initial.

Pourquoi tant d'importance accordée au ressenti ?

On peut aisément voir que la plupart des gens sont constamment en train de penser. Quand ils marchent, quand ils mangent, quand ils font l'amour, ils pensent... C'est facile à constater. Quand on a vu cela en soi, une certaine disponibilité peut venir. Ce qui fait penser, c'est l'idée d'être une personnalité. On a une personnalité qui existe uniquement en fonction du futur et du passé. Elle existe en relation. Quand on abdique cette prétention à être une personnalité, il n'y a rien à penser. Les choses se présentent d'elles-mêmes. À ce moment-là, il n'y a pas de futur, il n'y a pas de passé. Donc, ce qui est présence – pas présent, parce que ce présent, c'est le passé – est sensoriel. C'est une façon d'être d'instant en instant. Ça ne veut pas dire qu'à certains moments, si de nouveau l'image d'une personnalité apparaît, il n'y a pas à nouveau un futur et un passé, bien sûr. Mais on se rend compte de ça. On observe, sans juger, sans vouloir changer. Et, à un moment donné, on s'aperçoit qu'on n'a plus le dynamisme de constamment vouloir se penser. C'est alors que la vie quitte les codifications mentales, morales de toute société classique. La vie n'est complexe que quand on pense : « Qu'est-ce que je vais faire tout à l'heure ? », « Qu'est-ce que j'ai fait hier ? », « Est-ce que j'ai bien fait ou non ? », « Est-ce que je vais bien faire ou non ? »...

Et dans l'instant présent, est-ce que je « fais » ?

En vérité, on ne fait jamais rien. On prétend faire. C'est après qu'on s'approprie l'acte. Mais il n'y a jamais d'acteur. C'est un concept d'être un acteur. Pendant l'action, il n'y a qu'action. C'est un mouvement fonctionnel, le corps a bougé, sans réflexion. La situation amène sa solution.

Est-ce l'attention portée au ressenti corporel qui vous amène à cette prise de conscience ?

La vie sensorielle est sans inquiétude, sans demande, sans remords. Les choses sont ce qu'elles sont. C'est la manière de vivre créative : on ne sait rien, on ne veut rien, tout ce qui arrive on le veut, parce que c'est là. Il ne peut rien y avoir de plus grand que ce qui est là dans l'instant. Le reste est fantaisie. La spiritualité est une fantaisie, une psychopathie. La spiritualité, c'est uniquement ce qui est là dans l'instant. Toute la beauté est là. Si je pense à demain, à hier, j'insulte le moment. À vrai dire, j'ai peur du moment, j'ai peur de n'être rien, j'ai besoin de défendre mon image. Or, dans l'instant, on ne peut rien être, ni défendre, on n'a pas de prétention à être quoi que ce soit. Alors, qu'est-ce qui pourrait gêner ?

Psychologiquement, j'entends. Le corps, bien sûr, est là · la jambe bouge, le chien mord la main, on va réagir, ça c'est fonctionnel. Mais la réaction psychologique de vouloir être une personnalité, être aimé, être approuvé..., cela vous quitte complètement.

En quoi, précisément, la vie est-elle plus « facile », pour vous ?

Si l'on est psychiquement réactif, c'est que l'on est dans une histoire, que l'on se prend pour un personnage avec son cortège de drames inévitables. Or, je ne suis rien du tout. Peut-être que demain j'aurai une dépression nerveuse parce que ce pigeon, là en face, m'a marché sur le pied. Quelqu'un dont le fantasme est d'être libre, d'être sage, ne peut plus respirer, est tenu à être libre. Sans être tenu à rien, triste, coléreux, jaloux, irrité par le désir, par la laideur, par la lâcheté. Bien sûr, c'est merveilleux comme ça, mais je ne me cherche pas là-dedans. Donc ces états, s'ils viennent, occupent très peu de place, prennent très peu d'énergie. Si on ne se défend pas, tout est beauté. Mais quand on veut être libre, quand on veut être un sage, on vit dans des concepts.

Une des conséquences de la pratique tantrique, c'est une très grande liberté ?

On ne peut être libre que dans l'instant, parce qu'il n'y a rien d'autre que l'instant. Se dire : « Je veux être libre pour toujours », c'est de la peur. C'est comme avoir un mari pour toujours, un amant fidèle pour toujours, un chien pour toujours, la jeunesse pour toujours, de l'argent pour toujours... Non, il n'y a pas de sécurité. C'est cela, la beauté de la vie.

Si tout est dans l'instant, s'il n'y a pas de devenir, il n'y a donc pas non plus de chemin !... Qu'est-ce que la voie ?

Le yoga, le tantra, la pratique, commence quand quelqu'un vient et qu'il n'a rien à demander. Quand quelqu'un vient avec des questions, dans l'attente de réponses, on est obligé de donner des calmants. Tous ces états, toutes ces pratiques assidues ne sont rien d'autre que des calmants pour les esprits agités. Quand surgit la véritable interrogation, profonde : « Qui suis-je ? », on ne demande plus rien. Là, l'enseignement arrive. Il arrive dans cette disponibilité. Quand on veut être enseigné, quand on veut savoir, c'est qu'il y a peur. On n'est pas prêt. C'est quand quelqu'un ne veut plus rien, ne sait plus rien que, vraiment, il peut être totalement présent.

Revenons à cette part de l'enseignement tantrique qui fascine les Occidentaux : les pratiques sexuelles...

Le plaisir, pour la majorité des gens, c'est une projection mentale. Il faut vraiment se rendre compte, au niveau plaisir et douleur, qu'il est exceptionnel de sentir un plaisir sans fantasmer dessus. Êtes-vous capable de ressentir une caresse sans faire d'histoire, sans bâtir une histoire autour, sans vous demander de qui elle vient, ce qu'elle signifie, etc. ? La réceptivité sensorielle va très loin. Cette exploration fait partie de la démarche tantrique. Voir à quel point ce qu'on croit être ressenti est, en fait, pensé. On ne ressent pas : on pense le ressenti.

Et quand on commence à penser un peu moins ?

C'est surtout le premier temps qui compte. Quand on se rend compte qu'on ne sent pas, il y a des moments où le ressenti commence à respirer.

Et maithuna, *dans tout ça ?*

Maithuna, c'est un mot comme un autre. Toute perception est *maithuna. Samyama*, « faire un avec », ce qui est mal traduit par « identification », mais qui veut dire, plutôt, « non-séparation ». Quand vous regardez ce gazon, ou cet arbre, il y a non-séparation. Le fait de voir, sentir, toucher, c'est évidemment sexuel... C'est la sensorialité.

Le yoga amène une délocalisation du corps. On voit, on sent, on entend, on écoute avec tout le corps. Alors, éventuellement, la technique tantrique dans le sens très limité du mot « sexuel » va vous faire approfondir cette capacité d'entendre avec les pieds, de sentir avec le dos, de lécher avec les bras. Ça va être une transposition de tous les sens. Les cinq sens vont être complètement mêlés, il n'y a pas de séparation. Plus ils se mêlent et plus la pensée est absente. C'est le mélange des cinq sens. Se rendre compte, profondément, que les cinq sens sont un seul sens : la sensorialité. Pouvoir rester dans cette sensorialité sans passé, sans futur, sans pensée. Ensuite, tous les détails, on peut les travailler à l'infini. Chaque école s'est spécifiée. Selon chaque caractéristique humaine, on peut approfondir techniquement. Chaque personne va aborder le corps tactile de manière différente. Donc tout ce qui est technique est individuel, dépend de ce qu'est la personne, de ce qui lui convient.

Qu'est-ce qu'a changé, pour vous, cette ouverture à la sensorialité ?

Profondément, ce que ça change, c'est l'absence de besoin de se trouver en situation. Voilà ce qu'amène tout ce travail sensoriel : une cosmicité corporelle qui fait qu'on se sent un avec ce que l'on voit et ce que l'on rencontre. Une non-identité, donc une facilité d'être dans les situations de la vie. Plus de besoin compulsif. On n'a plus besoin d'être aimé pour être heureux. La liberté sensorielle, c'est l'amour sans objet.

Un chant de Lalla

Moi, Lalla,
en mon cœur
J'ai franchi la porte
du jardin.
Ô joie ! J'ai touché Shiva et Shakti enlacés
Et j'ai bu le nectar au lac de leur extase.
Vivante, morte au
monde, vivante !
Une fois le soleil coulé, la lune se dessine.
La lune disparue, la Conscience demeure.
La Conscience allée, reste l'espace.
Les trois chants,
frémissement de vie,
liberté sacrée et
béatitude,
s'y dissolvent.

Yogini et poétesse du XIVe siècle, Lalleshvari (Lalla) appartient à la tradition du shivaïsme tantrique. Considérée par ses pairs comme un *siddha*, un maître accompli, elle fut tenue par son contemporain, le poète soufi cheikh Nuruddin Vali, pour un avatar, une incarnation divine. En Inde, sikhs, bouddhistes et musulmans chantent aujourd'hui encore ses poèmes.

Extraits de *Chants mystiques du tantrisme shivaïte*, de Lalleshvari, présentation et traduction de Daniel Odier, Le Seuil.

Bibliographie

Quelques textes indispensables

Margo Anand, *La Magie du tantrisme dans la sexualité*, Guy Trédaniel.

Michel Cazenave, *Le Féminin spirituel*, Desclée de Brouwer & France Culture.

Jolan Chang, *Le Tao de l'art d'aimer*, Calmann-Lévy.

Didier Dumas, *La Sexualité masculine*, Albin Michel.

Henri Gougaud, *Le Livre des amours*, Seuil.

Jean Herbert, *Le Yoga de l'amour*, Albin Michel.

Ibn 'Arabi, *Traité de l'amour*, Albin Michel.

Jean-Yves Leloup, *Aimer... malgré tout*, Dervy.

Daniel Odier, *Désirs, passions et spiritualité*, J.-C. Lattès.

Osho, *La Voie de l'Amour*, Éd. du Relié.

Revue *Question de, Être à deux – ou les traversées du couple*, Albin Michel.

Denis de Rougemont, *L'Amour et l'Occident*, 10/18.

Jacques Salomé, *Aimer et se le dire* (en collaboration avec Sylvie Galland), Les Éditions de l'Homme ; *Apprivoiser la tendresse*, Jouvence.

Paule Salomon, *La Brûlante Lumière de l'amour*, Albin Michel.

Christiane Singer, *Une passion ; Éloge du mariage, de l'engagement et autres folies*, Albin Michel.

Thich Nhat Hanh, *Enseignements sur l'amour*, Albin Michel.

Bibliographie

Bibliothèque amoureuse élargie

Catherine Bensaid, *Aime-toi, la vie t'aimera*, Robert Laffont.
Malek Chebel, *Le Livre des séductions ; L'Esprit de sérail*, Lieu commun.
Deepak Chopra, *Le Chemin vers l'Amour*, Robert Laffont et J'ai Lu.
Catherine Clément et Julia Kristeva, *Le Féminin et le Sacré*, Stock.
Stéphane Clerget, *Nos enfants aussi ont un sexe*, Robert Laffont, coll. « Réponses ».
Guy Corneau, *N'y a-t-il pas d'amour heureux ?*, Robert Laffont.
Paul Diel, *La Divinité, le symbole et sa signification*, Petite Bibliothèque Payot ; pour une introduction à l'œuvre de Diel : *L'Homme et ses motivations*, d'Alain Bavelier, Retz.
Marie-Claire Dolghin, *Les Saisons de l'âme*, Dervy.
Étiemble, *L'Érotisme et l'Amour*, Arléa et Livre de Poche.
Dominique Folscheid, *Sexe mécanique*, La Table ronde.
Erich Fromm, *L'Art d'aimer*, Desclée de Brouwer.
Françoise Gange, *Les Dieux menteurs. Notre mémoire ensevelie : l'humanité aux temps de la déesse*, La Renaissance du Livre.
Cheng Heng, *Le Tao de l'amour*, Albin Michel.
Ibn Souleiman Ahmad, *Le Livre de volupté*, Minerve.
Gérard Leleu, *Le Traité du désir* ; *Le Traité des caresses*, Flammarion et J'ai Lu.
Jean-Claude Marol, *L'Amour libéré*, Dervy ; *La Fine Amor*, Le Seuil.
Willy Pasini, *La Force du désir*, Odile Jacob.
Jacques Roubaud, *La Fleur Inverse*, Ramsay.
Brian L. Weiss, *Il n'y a que l'amour. Des âmes sœurs réunies*, J'ai Lu.
Gérard Zweng, *Le Sexe de la femme*, La Musardine.

Bibliographie

Le tantrisme

Éric Baret, *L'eau ne coule pas, yoga de la non-dualité*, Éd. du Relié ; *Les crocodiles ne pensent pas ! Reflet du tantrisme cachemirien*, Éd. de Mortagne ; *Le Chemin divin pour devenir humain*, L'Originel-L'Accarias ; *Le Sacre du dragon vert*, J.-C. Lattès ; *Le Yoga tantrique du Cachemire*, Éd. du Relié.

Alain Daniélou, *La Fantaisie des dieux et l'aventure humaine*, Le Rocher.

Julius Evola, *Le Yoga tantrique*, Fayard.

Pierre Feuga, *Tantrisme : doctrine, pratique, art, rituel.* Dangles.

Daniel Odier, *Tantra yoga, le tantra de la « Connaissance suprême »*, Albin Michel ; *Tantra, l'initiation d'un Occidental à l'amour absolu*, J.-C. Lattès, traduction et commentaires hautement poétiques du *Vijnanabhaïrava tantra*, l'un des textes fondateurs de l'école pratyabhijnâ du tantrisme shivaïste cachemirien ; *Désirs, passions et spiritualité*, J.-C. Lattès.

Jean Varenne, *Le Tantrisme, mythes, rites, métaphysiques*, Albin Michel.

Iconographie tantrique

Alain Daniélou, *La Sculpture érotique hindoue*, Buchet Chastel.

Alain Daniélou, *Mythes et Dieux de l'Inde, le polythéisme hindou*, Le Rocher et Champs/Flammarion : l'une des meilleures études de la mythologie et de l'iconographie indienne.

Madhu Khanna et Ajit Mookerjee, *La Voie tantrique*, Le Seuil.

Bibliographie

Ajit Mookerjee, *Tantra Asana et Tantra Art*, Le Soleil noir ; *Kali, la force au féminin*, Thames et Hudson.

Textes tantriques spécialisés

Arthur Avalon (sir John Woodroffe), *La Puissance du serpent*, Dervy : une sérieuse introduction au tantrisme par l'un de ses premiers traducteurs et introducteurs en Occident.

Michel Hulin (traduction et présentation), *La Doctrine secrète de la déesse Tripura*, Fayard : pour comprendre l'aspect intellectuel du tantrisme, un ouvrage à la fois sérieux et accessible

Tara Michaël (présentation et annotation), *La Légende immémoriale du dieu Shiva*, Gallimard/Unesco.

André Padoux, *Le Cœur de la Yogini*, Institut de civilisation indienne : un superbe texte du tantrisme du sud de l'Inde.

Lilian Silburn, *La Kundalinî, l'énergie des profondeurs*, Les Deux Océans : par la grande spécialiste du tantrisme, à la fois professeur au Collège de France et disciple d'un maître tantrique cachemirien, la plus sérieuse étude sur le kundalinî yoga, d'après les textes shivaïstes non dualistes du Cachemire.

Robert E. Svoboda, *Aghora, la voie de la main gauche*, Éd. du Relié ; *Lumière sur les Tantras*, traduit et commenté par Lilian Silburn et André Padoux, De Broccart.

Table

Table

DANS LA MÊME COLLECTION

L'Avenir de l'esprit
Thierry Gaudin/entretiens avec F. L'Yvonnet

Enquête sur la réincarnation
Ouvrage collectif

Quelle langue parlaient nos ancêtres préhistoriques ?
Marcel Locquin et Vahé Zartarian

J'ai mal à mes ancêtres !
La psychogénéalogie aujourd'hui
Catherine Maillard et Patrice van Eersel

La composition de cet ouvrage
a été réalisée par Nord Compo
à Villeneuve-d'Ascq,
l'impression et le brochage ont été effectués
sur presse Cameron dans les ateliers
de ***Bussière Camedan Imprimeries***
à Saint-Amand-Montrond (Cher),
pour le compte des Éditions Albin Michel.

Achevé d'imprimer en mai 2003.
N° d'édition : 21688. N° d'impression : 032541/4.
Dépôt légal : juin 2003.
Imprimé en France